VIDA DO BEM-AVENTURADO FRANCISCO XAVIER SEELOS

REDENTORISTA
1819-1867

CARL W. HOEGERL, C.SS.R.,
E ALÍCIA VON STAMWITZ

VIDA DO BEM-AVENTURADO
FRANCISCO XAVIER SEELOS

REDENTORISTA
1819-1867

Tradução de Pe. José Raimundo Vidigal, C.Ss.R.

EDITORA SANTUÁRIO
Aparecida-SP

COORDENAÇÃO EDITORIAL: Elizabeth dos Santos Reis
COPIDESQUE: Ana Lúcia de Castro Leite
REVISÃO: Maria Isabel de Araújo
DIAGRAMAÇÃO: Alex Luis Siqueira Santos
CAPA: Marco Antônio Santos Reis

Título original: *A life of Blessed Francis Xavier Seelos*, Redemptorist
© Liguori Publications, Missouri, 2000
ISBN 0-7684-0651-3

Dados Internacionais de Catalogação na Publicação (CIP)
(Câmara Brasileira do Livro, SP, Brasil)

Hoergerl, Carl W.
Vida do Bem-aventurado Francisco Xavier Seelos:
Redentorista, 1819-1867 / Carl W. Hoergel e Alicia von Stamwitz;
tradução de José Raimundo Vidigal. — Aparecida, SP: Editora
Santuário, 2004. (Coleção Vida de Santos)

Título original: A life of Blessed Francis Xavier Seelos:
Redemptorist, 1819-1867
ISBN 85-7200-888-8

1. Redentoristas – Biografia 2. Seelos, Francisco Xavier, Bem-
aventurado, 1819-1867 3. Vida cristã I. Stamwitz, Alicia von. II.
Título. III. Série.

03-6511   CDD-271.6402

Índices para catálogo sistemático:

1. Bem-aventurados redentoristas: Igreja
Católica: Biografia e obra 271.6402

Todos os direitos em língua portuguesa reservados
à **EDITORA SANTUÁRIO** — 2004

Composição, impressão e acabamento:
EDITORA SANTUÁRIO - Rua Padre Claro Monteiro, 342
Fone: (0xx12) 3104-2000 — 12570-000 — Aparecida-SP.

Ano: 2007   2006   2005   2004
Edição: 10 9 8 7 6 5 4 3 2 1

PREFÁCIO

*A*o refletirmos sobre a vida do Bem-aventurado Francisco Xavier Seelos, recordamos a definição de santo dada por Sören Kierkegaard: *alguém que consegue querer uma só coisa.* Muitas pessoas desejam identificar-se com os valores de pessoas generosas como Madre Teresa de Calcutá ou Martin Luther King, que deram sua vida por um ideal: Deus e os pobres ou Deus e os direitos humanos. Mesmo se admiramos as vidas dos santos, o problema é que queremos ser santos e também experimentar o restante da vida — aproveitando toda oportunidade para satisfazer nossa necessidade de conforto, prazer, e gratificação. Como vivemos um estilo simples de vida e, ao mesmo tempo, desejamos os confortos dos ricos e famosos! Queremos estar a sós com Deus, mas não queremos perder qualquer ocasião de ir a uma festa ou ao cinema, de ler, conversar e estar com amigos.

Não admira que para cada vez mais pessoas diminui sempre o tempo para experimentar e fazer as coisas. O resultado é a sensação crescente de estar sendo impelido em mil direções, fragmentado, insatisfeito e cansado.

Embora o Bem-aventurado Francisco Seelos tenha vivido e trabalhado no século XIX, sua história ainda está viva e fresca para nós que estamos entrando no terceiro milênio. A vida de Pe. Seelos ensina-nos que toda escolha é uma limitação e cada limitação é uma oportunidade para realização fora de si mesmo. Optar por uma coisa é aceitar a limitação de não fazer muitas outras. Escolher ser padre é não ser um ídolo do cinema ou um astro do rock. Ser religioso com o voto de pobreza é renunciar à prosperidade econômica de um magnata dos negócios. Rezar é correr o risco de abandonar o próprio eu do modo como ele é entendido. Não é fácil ser santo — *querer uma só coisa* — viver o compromisso sincero de Madre Teresa ou de Martin Luther King ou do Bem-aventurado Francisco X. Seelos. O perigo é que, provando tudo na vida, fiquemos com fome da única coisa que dá vida.

A vida do Bem-aventurado Francisco Seelos pode ser entendida dentro de uma simples frase: "O Espírito de Deus está sobre mim para levar a Boa-Nova aos pobres e curar os de coração ferido" (Lc 4,18).

Por causa de sua diligência, aplicação e sacrifício, Pe. Seelos serve de modelo para todos os cristãos. Seu ardente desejo de ser missionário na América do Norte exigiu dele o estudo de línguas estrangeiras; a prática da disciplina na preparação para as privações que haveria de encontrar na missão; o afastamento da pátria para sempre; a ousadia de ir para uma terra de paupérrimos imigrantes; a doação da própria vida para levar a presença redentora aos pobres, aos injustiçados e aos doentes terminais; tudo isso o qualifica eminentemente como uma pessoa que *quis uma só coisa*.

Em todos os aspectos de sua vida, Pe. Seelos mostra-nos como relacionar-se com Deus e com os outros — como rezar, como procurar a cura, como buscar o perdão e a reconciliação, como pedir orientação, como entender a comunidade, a experiência religiosa e a vocação.

Espero que esta biografia do Bem-aventurado Francisco X. Seelos sirva de inspiração para você integrar na sua vida o humano e o divino, e para comprometer-se com o *querer uma só coisa*: que o Espírito de Jesus se encarne na sua vida.

Pe. Thomas D. Picton, C.Ss.R.
Superior Vice-Provincial dos Redentoristas
da Vice-Província de Nova Orleans.

INTRODUÇÃO

Abrir uma biografia do Bem-aventurado Francisco Xavier Seelos (1819-1867) é como abrir uma janela e respirar a plenos pulmões o ar fresco. Aqui está uma espiritualidade irresistível e moderna, tornada visível e particular por um sacerdote imigrante que no mais é comum. Cheio de coragem e idealismo juvenis, Francisco deixou a Alemanha, sua pátria, na idade de vinte e quatro anos para se unir a um grupo de missionários no Novo Mundo. O que ele encontrou nos Estados Unidos nada tinha de romântico: a crescente população imigrante estava padecendo sob o peso da pobreza, da doença, da solidão e da marginalização. Mas Francisco não se abateu nem desistiu.

Dia após dia, ele comunicou ao povo sem esperança o amor terno e transformador de Jesus Cristo. Sua natureza amável e cordial irradiava alegria enquanto ele trabalhava para aliviar o fardo de tantas vidas acabrunhadas. À diferença da maioria dos santos, ele não foi um grande bispo, místico ou mártir. Não escreveu obras significativas nem deixou marca duradoura na comunidade teológica. Porém, deixou uma marca indelével nos homens, mulheres e crianças que ele ajudou atendendo pessoalmente suas necessidades de cada dia. É modelo de serviço simples e generoso a Deus e ao próximo, indicando o caminho para a profunda união com Deus por meio das circunstâncias familiares da vida humana contemporânea.

Francisco Seelos serviu a Igreja Católica Romana nos Estados Unidos durante um período crítico de sua história. Antes de 1820 a jovem Igreja havia conseguido oferecer adequada assistência religiosa ao fluxo constante mas relativamente lento de imigrantes católicos. Mas na época em que Francisco desembarcou em Nova York, em 1843, vagas enormes de novos imigrantes esgotaram os recursos e os ministros da Igreja. Os alemães, em particular, estavam em situação calamitosa porque poucos sacerdotes falavam sua língua. Em conseqüência, muitos deixaram de praticar a religião ou migraram para uma denominação não-católica. Os bispos católicos do Novo Mundo ficavam pesarosos ao constatar as urgentes necessidades pastorais desses novos imigrantes — situação muito semelhante à da comunidade de língua espanhola atualmente nos Estados Unidos.

A partir de 1830, os bispos norte-americanos lançaram freqüentes pedidos de ajuda à Igreja da Europa. Um dos primeiros a responder foi Pe. Joseph Passerat, C.Ss.R., superior geral dos Redentoristas ao norte dos Alpes. Em 1832, seis membros da Congregação do Santíssimo Redentor — três padres e três irmãos —, chegavam aos Estados Unidos.

Onze anos mais tarde, Francisco unia-se aos missionários redentoristas pioneiros, consagrando o resto de sua vida ao serviço pastoral na Igreja norte-americana como pároco, pregador de missões, professor no seminário, reitor dos seminaristas, catequista e confessor. Foi excepcionalmente dotado em algumas áreas, sobretudo como confessor e pregador vivaz, mas sua santidade procede primariamente de sua fidelidade aos deveres de cada dia. "Sê fiel nas coisas pequenas", aconselhava Francisco a um estudante. "Reza com fervor e tudo irá bem" (Curley, Michael J., *Cheerful Ascetic: The Life of Francis Xavier Seelos, C.Ss.R.*, Vice-Província de Nova Orleans, 1969, p. 140).

Vinte e quatro anos após sua chegada a Nova York, Pe. Seelos morria de febre amarela. Na época era amado pelos imigrantes e igualmente pelos cidadãos nativos. Milhares de pessoas de diferentes raças, nacionalidades e classes lotaram a igreja da Assunção de Maria em Nova Orleans para prestar-lhe as homenagens fúnebres, aguardando horas para terem a oportunidade de rezar diante de seu caixão. Os filhos e netos dessas pessoas guardaram sua memória, recorreram à intercessão do Padre e promoveram a causa de sua canonização. No dia 9 de abril de 2000, numa cerimônia no Vaticano, o Papa João Paulo II beatificou Francisco Xavier Seelos, reconhecendo sua santidade e preparando o caminho para sua eventual canonização. O Pe. Thomas D. Picton, redentorista, superior da vice-província de Nova Orleans, saudou a decisão do Vaticano, dizendo: "A beatificação do Pe. Seelos é um testemunho à sua atuação de misericórdia e compaixão para acolher todas as pessoas que se sentem estrangeiras, alienadas, marginalizadas, e injustiçadas, numa nova comunhão da família humana".

A lição que se deduz da vida de Francisco Xavier Seelos é uma lição ensinada por seu pai espiritual, Santo Afonso de Ligório: "É um grande erro dizer que Deus não quer que todos sejam santos. Ao contrário... Deus quer que todos nós sejamos santos, e cada um no seu estado de vida: o religioso como religioso, o leigo como leigo, o sacerdote como sacerdote, o casado como casado, o negociante como negociante, o soldado como soldado e assim em todos os estados de vida" (Afonso de Ligório, *Prática de Amar a Jesus Cristo*, Ed. Santuário, Aparecida, 1982, p. 91).

Por sua vocação ao sacerdócio e à vida religiosa, Francisco Xavier Seelos encontrou os dois tesouros decisivos: felicidade e santidade.

Cronologia Biográfica do Bem-aventurado Francisco Xavier Seelos, C.Ss.R.

1819: 11 de janeiro, em Füssen, Alemanha: nascimento e batismo de Francisco Xavier Seelos

1825-1831: Primeiros estudos

1828: 3 de setembro: Crisma

1830: 2 de abril: Primeira Eucaristia

1831-1832: Füssen: Tutelado pelo capelão do hospital

1832-1839: Augsburg: Escola de admissão Santo Estêvão e Ginásio

1839-1841: Munich: Universidade Ludwig-Maximilian, dois anos de filosofia

1841-1842: Munich: Universidade Ludwig-Maximilian, um ano de teologia

1842: Dillingen: Seminário diocesano São Jerônimo, até 9 de dezembro

1843: Altötting: Santa Maria Madalena, fundação redentorista

17 de março: Le Havre, França: partida para os Estados Unidos

20 de abril, Nova York: chegada aos Estados Unidos

16 de maio, em Baltimore: Início de seu noviciado em São Tiago

1844: 16 de maio, em Baltimore: Profissão religiosa na igreja de São Tiago

22 de dezembro, em Baltimore: ordenação sacerdotal

1845-1854: Pittsburgh, Pennsylvania: na paróquia de Santa Filomena, vigário paroquial

1851: Pároco e reitor da comunidade

1854-1857: Em Baltimore: Na paróquia Santo Afonso, pároco e reitor da comunidade

1857-1862: Cumberland, Maryland: Na paróquia de São Pedro e São Paulo, pároco, superior e reitor dos seminaristas e professor

Maio de 1862 - Agosto de 1865: Annapolis, Maryland: Na paróquia de Santa Maria, pároco e reitor da comunidade, diretor do seminário

Novembro de 1862: Substituído no cargo de diretor do seminário em Annapolis

Maio de 1863 - Agosto de 1865: Superior do grupo missionário

1865-1866: Detroit, Michigan: Na paróquia de Santa Maria, vigário paroquial

1866-1867: Nova Orleans, Louisiana: Na paróquia da Assunção de Maria, vigário paroquial e reitor da paróquia alemã

1867: 4 de outubro, Nova Orleans, Louisiana: partiu para a vida eterna.

1

CHAMEI-TE PELO NOME

A história do Bem-aventurado Francisco Xavier Seelos começa em Füssen, uma pitoresca cidade no sopé dos Alpes alemães. Situada numa antiga estrada romana, a Via Claudia, Füssen gozou de certa proeminência desde tempos ancestrais. Nas proximidades restos de vilas romanas foram escava-

A pitoresca Füssen

dos, e a residência dos bispos-príncipes de Augsburg, que remonta a 1332, ainda domina a área. Em décadas recentes, essa cidade da Baviera tornou-se um lugar turístico favorito, especialmente para os que desejam conhecer o legendário castelo *Neuschwannstein* construído pelo rei Luís II (1845-1886). O "castelo encantado", a poucos quilômetros de Füssen, foi imortalizado por Walt Disney como um símbolo da Disneylândia.

No começo do século XIX, a maioria dos mil e seiscentos habitantes da cidade eram católicos. Pinturas de Jesus, da Ssma. Virgem e dos santos adornavam as esquinas das ruas e as paredes externas. A zona rural era pontilhada de capelas e crucifixos à beira dos caminhos, fazendo com que essa região da Alemanha se chamas se *Pfaffenwinkel*, o Recanto dos Padres.

Três igrejas funcionavam na cidade: a *Spitalkirche* (igreja do hospital), a *Frauenkirche* dos Franciscanos e a matriz de São Mang, ou Mangus. Conforme a tradição, por volta do ano 750, São Mang veio da Suíça para a região a fim de converter os pagãos. Fundou uma comunidade

Exterior da igreja de São Mang

beneditina de monges que iria florescer por mais de mil anos. A vida espiritual da comunidade de Füssen girava em torno do mosteiro de São Mang.

Os pais de Francisco Xavier, Mang Seelos e Frances Schwarzenbach, casaram-se na matriz de São Mang no dia 28 de outubro de 1811. "Quando nossos caros pais se casaram — escreveu depois sua filha Antônia —, Füssen era ainda uma cidade na boa tradição alemã antiga. Quem quisesse casar-se devia ter uma casa e um pedaço de terra para pelo menos duas vacas, de modo que, se não conseguissem viver da profissão, haveria algo de que viver".

A casa da família Seelos era um sobrado de três andares de modestas dimensões, cujo endereço na época era *Spitalgasse* 184 (rua do Hospital). O andar térreo servia de estábulo para animais domésticos e de oficina de trabalho para o Sr. Mang. A casa existe ainda, com o endereço mudado para *Spitalgasse* 13. Uma placa de bronze, marcando o lugar do nascimento do Bem-aventurado Francisco Xavier Seelos, está afixada nela.

A *Spitalgasse* onde Seelos nasceu (a casa com a palavra BIERIG pintada na fachada)

A profissão do Sr. Mang era tecelão, numa comunidade que também incluía agricultores, comerciantes, pedreiros, moleiros e tintureiros. Era um hábil tecelão, tendo dominado a arte durante um aprendizado de quatro anos na França. Infelizmente, o mercado começou a piorar com o avanço da Revolução Industrial e sua renda nunca foi grande. Apenas somando suas modestas entradas com o trabalho pesado do sítio ele e Frances conseguiram prover ao sustento da família.

Francisco Xavier foi o sexto filho dos Seelos, tendo nascido em casa a 11 de janeiro de 1819; foi batizado no mesmo dia na matriz de São Mang. Frances teria ao todo doze filhos: três morreram na infância, três se casaram, três abraçaram a vida religiosa, dois ficaram solteiros e um morreu na idade de dezenove anos após uma queda trágica de um celeiro. Um menino rejeitado que Mang inesperadamente trouxe para casa um dia completou a família Seelos, e esse menino era chamado em casa de "Príncipe João" porque era o mais novo e adorado por todos.

Mang Seelos era um devoto católico alemão com um espírito de francês, graças à sua prolongada estadia na França. Antônio Schirsner, colega de aula de Francisco, que morou cinco meses com a família Seelos em 1845, descreveu mais tarde a multiforme personalidade de Mang Seelos:

Como aquele homem está vivo na minha memória! Uma pessoa bem relacionada, alguém que se fez na vida, católico perfeito, modelo de um pai de família, um homem de inteligência penetrante e de princípios religiosos firmes e genuínos... Seu élan, sua verve, [e] seu humor eram características francesas genuínas do espírito... Durante o dia todo com freqüência falava francês. Muitas vezes, enquanto tecia, cantava canções francesas. Estava sempre feliz e de alto astral. Tinha também uma calorosa disposição, como só um francês tem, à maneira de São Francisco de Sales. Uma vez ele começou a cantar com o melro que ele tinha numa gaiola pendurada diante do tear e eu o ouvi cantar para si mesmo expressivamente: "Oh! passarinho querido, canta bonito os louvores do teu Criador"!

Francisco haveria de herdar o caráter alegre de seu pai bem como sua serena dignidade. Antônio continua:

Aquele homem tinha muito motivo para reclamar não só da turma ignorante de seus concidadãos, que não o entendiam e não o conheciam, mas também do seu pároco, que por egoísmo e paixão quase privou o pobre homem do seu pão, e que, no fim, ou seja, no leito mortuário, iria pedir perdão a Mang. Mais ainda: por um longo tempo ele teve de travar a "luta pela sobrevivência", para usar a expressão de Darwin. Família tão grande, com tanto apetite, tendo como única fonte de renda o produto do seu tear... Isto às vezes o tornaria ansioso.

Casa do sacristão em Füssen

A situação dos Seelos melhorou consideravelmente em 1830 quando foi oferecido a Mang o ofício de sacristão da matriz de São Mang. De então em diante, podia contar com um salário fixo para aumentar sua renda, e a família mudou-se para uma casa espaçosa, com um delicioso jardim anexo, oferecida pela paróquia.

Frances Schwarzenbach Seelos era, conforme a opinião geral, uma boa companheira para Mang. Ela também cultivava uma rica vida espiritual, sentia prazer no trabalho diário e tinha senso de humor. Não ligando para as inquietações financeiras da família, mesmo quando os filhos chegavam um após outro, ela chamava os filhos com a expressão jocosa de "minhas pequenas dívidas".

Antônia, irmã mais nova de Francisco, descrevia sua mãe como uma mulher que amava muito o marido e a Deus. "Ela rezava durante todo o trabalho. Muitas vezes ajoelhava-se no chão quando ouvia o sino anunciar a consagração numa igreja vizinha, ou o Ângelus. Nós crianças não gostávamos dessa oração freqüente, mas só quando se fica mais velho se percebe como é importante."

Anos mais tarde, Francisco contaria a seus seminaristas redentoristas que sua mãe inculta era guiada pelo Espírito Santo na educação dos filhos. Mesmo quando fazia os estudos universitários, disse ele, as aulas acadêmicas que teve pareciam-lhe apenas uma apresentação mais científica do que já tinha aprendido da mãe. Por sua vez, Frances diria mais tarde: "Aquele que está de pé, cuidado para não cair. Não fiz mais do que deve fazer qualquer mãe cristã, apenas aquilo criou raízes mais profundas no meu querido Francisco do que nos outros".

Uma carta escrita por Antônia em 1883 oferece um olhar encantador sobre a rotina diária da família Seelos:

"As horas da manhã são horas de ouro" era o provérbio preferido do meu pai. Todos tínhamos de nos levantar cedo. Depois que todos tinham ido à missa, cada qual ia para seu trabalho e os pequenos para a aula. Ao meio-dia, a família toda rezava o Ângelus e depois almoçava. Durante o almoço, papai perguntava o que tínhamos aprendido na aula, e sempre nos dava conselhos e encorajamento. À mesa muitas vezes éramos dez pessoas e durante o verão com freqüência doze. Quase todas as vezes, nosso irmão Xavier trazia consigo um colega. Após a refeição, rezávamos as orações da mesa. Nós meninas então tínhamos de ajudar nossa mãe no seu trabalho: no verão, no quintal e no campo; no inverno, costurando e tricotando. Não podíamos estar ociosos nem por um quarto de hora. Nossa querida mãe ensinava-nos ela própria todo tipo de trabalho, e era sempre a primeira a fazer as tarefas difíceis bem como as fáceis, e sempre nos guiava nisso com uma palavra de encorajamento. Nosso pai falecido era muito rigoroso; tudo tinha de ser feito correta e prontamente. No entanto, ao mesmo tempo ele era atencioso se reconhecíamos logo nosso erro e nunca falávamos mentira. Ele não castigava muito, mas seu olhar de repreensão era mais que uma punição para nós... Nossa querida mãe imediatamente sempre se tornava nossa intercessora e um pedido seu nunca era desatendido.

O dia na casa dos Seelos terminava sempre com a oração da família e a leitura espiritual, em geral um trecho da vida do santo do dia. Certa vez, quando Francisco era criança, sua mãe leu para os filhos a história do seu homônimo, São Francisco Xavier, o grande missionário do Oriente. Francisco gritou com entusiasmo: "Quero ser um Francisco

Xavier!" Embora isso possa soar como uma mera lenda piedosa, nos seus primeiros anos Francisco pensou de fato na vocação para Jesuíta. De qualquer forma, acabou indo para os Redentoristas, de modo que um hagiógrafo hábil em criar biografias perfeitas haveria de fazer Francisco exclamar: "Quero ser um Afonso de Ligório!"

2

PERÍODO ESCOLAR

*F*rancisco era uma criança de boa índole, que gozava do amor e da atenção de uma família bem unida. Sua única dificuldade séria era com a constante doença. "Pensava-se que haveria de morrer como criança", escreveu depois sua irmã Antônia. "Tinha muitas vezes fortes dores intestinais e sofria de vermes." Seus irmãos o entretinham quando estava doente, sentando-se a seu lado e fazendo leituras para ele. Com uma família tão grande, pelo menos ele não ficava tão só durante os longos meses de doença.

Dos seis aos doze anos, Francisco freqüentou a escola primária num edifício que ainda existe na esquina de *Schrannengasse* e *Brunnengasse*. O edifício centenário era conhecido como *Kornhaus* porque seu andar principal era usado como armazém de

A *Kornhaus* agora a *Feuerhaus*, a escola infantil

cereais. Uma ampla sala no segundo andar comportava até sessenta meninos; as meninas estudavam num prédio separado.

Por causa de uma recaída da doença, Francisco entrou tarde na escola, em janeiro de 1825. O primeiro semestre começava normalmente em novembro e terminava por volta da Páscoa. O segundo semestre começava na primeira semana de maio e terminava em agosto. As aulas eram em dois períodos: das 8 às 10 da manhã e das 13 às 15 horas, seis dias por semana, sendo livres as tardes de quarta-feira e de sábado.

Embora a escola fosse mantida pelo Estado, não pela paróquia católica, um padre sempre fazia parte do corpo docente e cada dia de aula começava com a Missa às 7h30m. O currículo incluía as matérias básicas: ler, escrever e contar, bem como instrução religiosa e música. Francisco aprendeu a tocar violino quando criança e, como seu pai, gostava de cantar.

No final do último ano da escola primária, o professor de Francisco notou que ele tinha uma habilidade inata "muito grande".

De onze áreas, obteve o grau "excelente" em cinco: diligência, conduta, religião, leitura, e escrita. Nas outras seis áreas — soletrar, composição, aritmética, história pátria, trabalhos manuais e memória — recebeu o grau "muito bom".

Durante os anos da infância em Füssen, Francisco deu sinais de uma inclinação para a oração e para a devoção religiosa. Além de tomar parte nas horas de oração da família, gostava de rezar o rosário à noite antes de dormir. Depois da crisma, recebida aos nove anos, decidiu tornar-se ajudante de missa. Logo montou em casa um pequeno altar, decorado com carinho, no qual fazia a "reza" com os amigos. Era excepcionalmente bom com os colegas, sobretudo os mais pobres que ele, passando-lhes alguma roupa sua, alimento ou uma moeda que trazia no bolso. Em 1830, dezoito meses após a crisma, recebeu a Primeira Eucaristia.

Sua inclinação para a espiritualidade não o impedia de participar das atividades costumeiras e das brincadeiras de criança. Quando sua saúde permitia, Francisco gostava de sair de casa e conhecer os arredores. Quando ficou adulto, seu amor à natureza cresceu e permaneceu forte por toda a vida. Quanto às suas travessuras inocentes, Francisco relatou certa vez este fato, que um estudante recordou e contou mais tarde:

> Num dos dias de carnaval... o nosso Xavier teve a idéia de se vestir como os palhaços tradicionais. Em segredo ele pôs o longo paletó de casamento de seu pai, pegou o chapéu e começou a desfilar para baixo e para cima na rua para o deleite de toda a vizinhança. O pai, ouvindo a algazarra, saiu para fora da casa e qual não foi sua surpresa ao ver seu paletó especial passeando na rua!

Francisco naturalmente gostava de representar e de ser o centro das atenções, mas a repreensão do pai foi bastante forte para deixar-lhe uma lembrança duradoura.

Recebido o diploma da escola primária, o futuro de Francisco tornava-se problemático. Um garoto talentoso normalmente iria enfrentar os estudos secundários num curso preparatório de quatro anos e depois estudaria mais quatro no *Gymnasium* (curso pré-universitário especializado em matérias clássicas) em preparação para a carreira profissional. Francisco tinha o talento, o desejo e o apoio dos pais para continuar os estudos, mas a família Seelos não podia pagar o ensino e a pensão numa escola distante.

Por sorte, o Pe. Francisco Antônio Heim, pároco de São Mang, deu a solução. "Vou ajudar você", disse ele. "Sou bem conhecido em Augsburg. Vou custear suas refeições e sua pensão mensal. Assim você vai conseguir estudar." Após um ano de tutela privada em Füssen quando se firmaram os acordos, Francisco entrou para o segundo ano da escola preparatória no Instituto Santo Estêvão, em Augsburg, a 70 quilômetros de sua casa. Nunca mais ele haveria de morar em casa por um longo período.

Essa foi para Francisco a primeira experiência de morar numa grande cidade de uns trinta mil habitantes, e no meio de uma grande população não-católica. Augsburg era bem conhecida, obviamente, pela sua associação com a Reforma Protestante. Quando Francisco chegou a Santo Estêvão, em outubro de 1832, padres seculares e leigos lecionavam na escola de mais de seiscentos alunos. Em

1834 ocorreu uma mudança notável: o rei Luís I da Baviera, "atendendo ao pedido dos cidadãos católicos de Augsburg", estabeleceu uma abadia beneditina em Santo Estêvão e confiou à Ordem todo o instituto ligado a ela. O instituto incluía a escola preparatória, o *Gymnasium*, um seminário, um liceu de dois anos, e uma pensão para filhos da nobreza.

Os cursos dados em Santo Estêvão seguiam a longa tradição da educação clássica e humanística, com uma grande ênfase no latim e no grego. Durante seus sete anos de estudo em Augsburg — três anos na escola preparatória e quatro no *Gymnasium* — Francisco esteve sempre entre os primeiros da sala. As matérias incluíam religião, alemão, aritmética e matemática, geografia e história. Além dessas matérias básicas, havia aulas opcionais de línguas estrangeiras, desenho e música.

Francisco recebeu menção honrosa pelo seu aproveitamento em francês — o que certamente foi muito apreciado pelo pai Mang — e obteve a nota máxima no último ano do *Gymnasium*. De novo graças ao incomparável exemplo de Mang, um colega de aula relata que Francisco tinha uma voz excepcionalmente forte para cantar. "Seelos, não cante tão alto", murmurou o amigo certa vez, mas Francisco não lhe deu atenção. "Não ligou para mim; estava completamente enlevado pelo entusiasmo da sua alma. Uma vez ele foi com alguns companheiros a uma igreja perto da sua cidade natal. Sem cerimônia começou a cantar um hino a Nossa Senhora com toda a força dos pulmões, e cantou sozinho até o fim, sem dar atenção aos outros."

A vida espiritual dos estudantes era de especial interesse para a escola Santo Estêvão, tanto no tempo do clero secular como mais tarde no dos Beneditinos. Todos os estudantes participavam da Missa diariamente na igreja do antigo convento às 7h30min. Aos domingos e dias de festa, os padres celebravam Missa Solene e pregavam um sermão adicional antes ou após a Missa. De tarde os estudantes cantavam vésperas solenes ou assistiam a um especial exercício de devoção. Quatro vezes ao ano os estudantes se confessavam e comungavam.

Francisco não morava na escola, mas sim com uma família que alugava quartos para estudantes, possivelmente na companhia de dois primos que na época freqüentavam também o Santo Estêvão. As circunstâncias não eram nada ideais: cada dia tinha de ir a uma casa diferente para a refeição principal. De manhã e à noite ele se defendia geralmente mascando um pedaço de pão seco.

Seus pais juntavam com dificuldade uma mesada semanal de um florim — meio dólar — que Francisco muitas vezes dividia com outros estudantes pobres, ganhando o apelido de "Banqueiro Seelos". Quando seus pais descobriram e reclamaram, Francisco respondeu: "Eles são mais pobres que eu e não têm comida nem dinheiro. Não posso vê-los sem nada quando tenho alguma coisa".

Ele convidou alguns desses estudantes carentes para passar as férias de verão com sua família. Seu divertimento favorito, sozinho ou com os companheiros, era passear na floresta próxima, apreciando a beleza natural das colinas onduladas de Füssen, os lagos cristalinos e as montanhas nevadas. Gostava também de fazer longas caminhadas, geralmente em direção a um santuário.

Aos dezesseis anos, andou cinqüenta horas até o santuário e a abadia de Einsiedeln, na Suíça, e pediu para ser admitido no mosteiro beneditino. Os monges não o aceitaram, provavelmente pela sua pouca idade. "Voltou para casa muito triste", escreveu mais tarde sua irmã Antônia. "No entanto, em tudo isso não ficava amuado: era sempre alegre e jovial. Também tomava parte nas diversões e durante as férias era sempre meu parceiro de dança, porque eu era apenas um ano mais nova que Xavier e nós dois éramos muito amigos um do outro. Estávamos juntos em todos os passeios e diversões, e desabafávamos um com o outro nossos sofrimentos".

Ele gostava também de fazer longos passeios com seu pai, e foi durante uma dessas excursões juntos que Francisco, agora mais maduro, confidenciou ao Sr. Mang, e a ninguém mais na família, seu desejo de seguir o exemplo do seu homônimo tornando-se missionário num país estrangeiro.

3

DISCERNINDO O CHAMADO

*P*oucos meses depois de terminar o *Gymnasium*, Francisco decidiu continuar os estudos na Universidade de Munich.

A Universidade de Munich em 1840

A Universidade gozava de excelente reputação, mas é algo surpreendente que Francisco não continuasse com o curso de dois anos de filosofia oferecido pelos Beneditinos no liceu Santo Estêvão.

Não obstante o fato de sentir-se atraído pela vida religiosa, parecia que Francisco precisava de mais tempo para tomar uma decisão. Não tinha descartado o sacerdócio diocesano, que lhe possibilitaria ficar na sua terra e perto da família. Estudando filosofia na Universidade, estava adquirindo uma formação acadêmica indispensável ao sacerdócio. Ao mesmo tempo, seria também capaz de entrar na Escola de teologia da Universidade de Munich se, no fim dos dois anos exigidos para a filosofia, permanecesse incerto quanto à sua vocação religiosa.

Mais ainda, então, Francisco estava na flor da idade e era afetuoso por natureza, de sorte que era atraído pelas mulheres. Chegando o momento da decisão, a luta interior entre celibato e casamento se intensificava, vindo à tona em seus sonhos. Num deles, que ele mais tarde descreveu, ele se viu como padre no altar com a hóstia consagrada na mão. Ia dar a comunhão aos fiéis, mas seus olhos se distraíram e voltaram-se para uma jovem "excepcionalmente atraente". Rapidamente, "ele a recomendou ao Senhor e decidiu apenas conhecer e cumprir a vontade do divino Mestre". Também nesse sonho, a imagem do "sul ensolarado, a terra das laranjas, passou ante seus olhos", o que pode ser interpretado como símbolo do convidativo calor da intimidade conjugal.

Em Munich Francisco morou com dois primos de Füssen em quartos alugados no prédio da *Karlsplatz* 20, a pouca distância da Universidade. Seus estudos eram pagos por uma verba para estudantes pobres que a Câmara Municipal de Füssen lhe concedera no mês anterior.

Pensão de Seelos (à esquerda) na *Karlsplatz* 20, Munich

Ele dava aulas nas horas vagas para ajudar a cobrir eventuais despesas. Aos domingos, ensinava a ler a seu irmão que também estava em Munich com o objetivo de aprender um ofício.

Típico estudante universitário, Francisco aprendeu a esgrima, a dança e a cheirar rapé. Gostava de escrever poesias, sobretudo quando estava triste ou doente. Embora não obtivesse as notas mais altas nos quatro semestres de filosofia, estava entre os alunos do segundo escalão e facilmente foi qualificado para continuar os estudos.

Em 1841 começou os estudos de teologia. Optou pelos cursos tradicionais — teologia sistemática, teologia moral, história da Igreja, exegese bíblica, pedagogia e hebraico — e recebeu notas notavelmente superiores às do tempo da filosofia. Se então estivesse decidido a se tornar padre diocesano, passaria a morar com outros seminaristas nos locais apropriados. De novo, estava incerto. Aguardava, ao que parece, um sinal de Deus ou uma certeza interior sobre seu futuro.

A certa altura do primeiro ou segundo semestre dos estudos teológicos, Francisco recebeu a confirmação que esperava. Seu irmão Adão contou mais tarde: "Num domingo, quando fui procurá-lo para ter aula, ele me disse: 'Hoje não vamos escrever. Na noite passada a Ssma. Virgem me apareceu. Tenho de ser missionário'. Se ela lhe apareceu visivelmente ou só em sonho, não sei dizer. Não perguntei mais, porque fiquei muito triste pois ia perder meu caro irmão".

Essa visão ou sonho mariano, unido a um premente apelo redentorista pelas missões no Novo Mundo, convenceu Francisco Xavier Seelos de sua vocação à Congregação do Santíssimo Redentor. Em certo dia da primavera de 1842 deixou a Universidade, interrompendo os estudos teológicos, e mandou uma carta ao superior dos Redentoristas nos Estados Unidos pedindo para ser admitido. A resposta não veio imediatamente; a 3 de novembro, ansiosamente aguardando o momento propício, Francisco ingressou no seminário diocesano de Augsburg. A carta de aceitação chegou três semanas depois.

Francisco estava eufórico. Na manhã seguinte tomou as providências para retirar-se do seminário. Uma notícia exaltante no *Augsburger Postzeitung* marcou a partida de Francisco:

Dillingen, 9 de dezembro. Hoje de manhã, saiu do seminário diocesano daqui um de seus mais dignos membros, Francisco Xavier Seelos (nascido em Füssen, em 1819), para dirigir-se à América do Norte e lá, após entrar na Congregação Redentorista em Baltimore, dedicar-se por toda a vida à importante vocação de missionário. Que o Senhor acompanhe com superabundantes bênçãos essa tarefa verdadeiramente apostólica de tão digno seguidor do grande apóstolo da Índia, Francisco Xavier, e que ao mesmo tempo, este exemplo de rara coragem e de zelo apostólico inspire muitos outros padres e seminaristas do clero da católica Baviera, dotados das mesmas qualidades necessárias de coração e espírito, a seguir seus passos, pois as palavras do Salvador ainda se aplicam à América do Norte de modo especial: "A messe realmente é grande mas os operários poucos; pedi pois ao dono da messe que mande operários para sua messe".

O anúncio de Francisco de que ia ingressar no grupo missionário redentorista no Novo Mundo colheu de surpresa quase todos. Desde muito tempo os membros de sua família sabiam que ele estava pensando no sacerdócio, mas sempre acharam que ele entraria para uma comunidade religiosa local ou para o clero diocesano e ficaria perto dos seus. Quando entrou no seminário de Augsburg ficaram contentes e começaram a sonhar com assistir a sua Primeira Missa.

Apenas o Sr. Mang sabia da carta pedindo admissão entre os Redentoristas da América do Norte. Quando Francisco abraçou cada membro da família dando adeus no último dia daquelas que seriam suas últimas férias juntos, Mang olhou bem para o filho e apontou para o céu. Francisco entendeu o sentido daquele gesto sem palavras: eles se veriam de novo no céu.

Quatro meses se passariam entre a chegada da carta de aceitação e a partida para os Estados Unidos, mas ele deliberadamente preferiu não visitar a família de novo, porque achava que seria penoso demais para todos. Nisso também seguiu o exemplo de São Francisco Xavier, que partiu para as missões na Índia sem ver a família pela última vez.

A grande quantidade de cartas que Francisco enviou para casa durante esses meses finais na Europa revela a profundidade de sua afeição pela família e a grandeza de sua fé. Ao primo Benedito escreveu:

Se tivesse de depender apenas de minhas próprias forças, perderia toda confiança e coragem nesse empreendimento. Mas quando penso no auxílio de Deus, quando considero suas promessas, quando reflito no seu poder e na sua bondade, tudo em mim retorna à vida e me sinto forte e poderoso o bastante para trabalhar na vinha do Senhor. Mesmo longe de casa, estou perto daquele que me chamou para essa obra.

A seu irmão Adão Francisco escreveu: "Se dependesse só de mim, eu ficaria sempre com você e com nossa família, mas não quero e não posso resistir ao chamado interno que vem do outro lado, mas me doarei livremente com inteiro amor".

Finalmente, à sua irmã mais nova, Antônia, com a qual tinha uma afinidade especialmente forte, escreveu:

Mesmo estando longe, o amor permanece e nos une eternamente, aqui na oração um pelo outro, aí num alegre convívio sem separação. Quando seus deveres se tornarem pesados, quando seu coração estiver acabrunhado, pense no seu querido irmão. Ele está rezando por você. Quando meus deveres se tornarem pe-

sados, quando meu coração estiver acabrunhado, logo vou pensar em você e direi a mim
mesmo: "Olhe, sua amada irmã está rezando
por você". Estou escrevendo isto não sem lá-
grimas, e você também estará chorando...
Adeus para sempre, minha mais querida e ines-
quecível irmã!

4

MISSIONÁRIO PARA O NOVO MUNDO

*A*ntes de poder embarcar para a América do Norte, Francisco teve de reunir todos os seus papéis importantes e tirar os documentos necessários para a viagem. No dia 27 de dezembro de 1842 obteve o passaporte, que dá uma detalhada descrição de seus traços físicos:

Idade:	24 anos
Altura:	1,80 m
Cabelos:	castanhos
Testa:	redonda
Sobrancelhas:	castanhas
Olhos:	castanhos
Nariz:	grosso
Boca:	grande
Barba:	castanha

Queixo:	redondo
Face:	oval
Compleição:	saudável
Outros sinais:	nenhum

Durante esses meses de preparação, Francisco residiu numa comunidade redentorista pela primeira vez. Embora ficasse na comunidade de Altötting apenas de passagem, uma história merece ser contada. Na noite da chegada de Francisco ao convento redentorista, viu que seus sapatos se sujaram na viagem. Ele era uma pessoa asseada, de modo que cuidadosamente colocou os sapatos na porta do quarto para que o irmão porteiro os limpasse. Na manhã seguinte encontrou os sapatos exatamente no lugar onde os tinha deixado e igualmente sujos. Isso foi para Francisco a primeira lição de uma regra redentorista não escrita: Se você quer que alguma coisa seja feita, vá em frente e faça-a você mesmo!

Com os documentos em ordem, Francisco partiu para a França. Tinha oito dias para ver Paris e o tempo todo ficava feliz pensando no pai. Dia 17 de março de 1843 ele e mais três redentoristas encontraram-se no porto do Havre e embarcaram no navio estadunidense *Saint Nicholas*, "um navio bonito e novo", comentou ele com a euforia de um garoto.

Não obstante espantosas tempestades no mar e enjôos no navio, Francisco permaneceu alegre a maior parte das cinco semanas da viagem. Fez amizades entre os 150 passageiros, ensinou a alguns o catecismo, e repartiu o vinho que trouxe consigo. Somente no final da viagem é que ele ficou com saudade e deprimido, em parte porque esperava chegar a Nova York a tempo de celebrar a Semana Santa.

O *Saint Nicholas*

Na Sexta-feira Santa, ele consolou-se a si mesmo na forma costumeira, escrevendo uma poesia. A rima e a métrica perdem-se nesta tradução literal de uma seleção do manuscrito alemão, mas o sentimento é claro:

Ó sagrado esplendor da noite silenciosa,
Quando Cristo no sepulcro
Encontrou descanso dos sofrimentos
E alívio em suas dores corporais.

Nesta mesma noite
Meu pai está em vigília
Elevando as mãos para Jesus
Olhando para ele na Eucaristia.

Em oração junto com o esposo
Minha mãe querida também vigia,
Rezando e chorando de compaixão,
Nesta noite de vigilante expectação.

Durante a mesma noite solene,
No mar seu filho está longe de casa
Para ele as estrelas brilham
como lâmpadas votivas
Enquanto ele também faz vigília.

O mar está vazio e inóspito
Somente perigos e insídias o povoam.
Em lugar nenhum se vê uma igreja,
Em lugar nenhum um altar
para o Sacramento.

Nesta noite de compaixão,
Meu olhar se volta para casa;
Unindo meu coração às orações dos pais
Ao Salvador que esperam
E pelo filho que penosamente perderam.

Na quinta-feira, 20 de abril, finalmente o *Saint Nicholas* ancorou no espaçoso porto de Nova York. Pe. Gabriel Rumpler, superior da comunidade de Nova York, situada na Segunda Rua, deu as boas-vindas aos viajantes. Ele era um dos quinze missionários redentoristas já presentes nos Estados Unidos na época: dez padres e cinco irmãos. Os Redentoristas estavam exercendo o apostolado nos Estados do leste, sobretudo entre pobres imigrantes, já havia mais de uma década.

No primeiro mês após a chegada a Nova York, Francisco foi mandado para o noviciado redentorista na paróquia de São Tiago, em Baltimore. O novo noviciado norte-americano não tinha o número costumeiro de livros espirituais e artigos devocionais, mas a residência era confortável. Às vezes Francisco tinha vários companheiros no noviciado, às vezes um apenas; e por um certo período esteve só. Afinal, estava contente.

Acima: Igreja de São Tiago, em Baltimore
À direita: Pe. Alexandre Czvitkovicz, C.Ss.R., pároco de São Tiago

"Na paz e na serenidade pude fazer meu noviciado enquanto aprendia a praticar os deveres de clérigo", escreveu à sua família. "Aprendi a amar cada vez mais a vida espiritual e seus tesouros. Deus infundiu profundamente no meu coração o desejo de oferecer-me completamente a Ele. Este desejo cresce a cada dia, de modo que quero dar a Deus mais do que jamais fiz antes, tudo o que considero caro, tudo aquilo a que meu coração outrora se apegou."

A 16 de maio de 1844, após um ano completo de noviciado, Francisco emitiu os votos como Redentorista. A 22 de dezembro de 1844 era ordenado sacerdote na igreja de São Tiago em Baltimore. Escreveu para a família:

No dia de Natal, entre seis e oito horas da manhã eu celebrei duas missas em particular e às dez horas celebrei a Missa Solene... Incluí todos vocês nas intenções e recomendei vocês Àquele que eu tinha tão perto de mim e que eu tocava com minhas próprias mãos, e que ofereci e recebi dentro do coração. Se vocês pudessem experimentar o que é isto... Santos Anjos da Guarda, contai-o a eles, de modo que possam participar da minha alegria e das minhas preces.

Isso faz parte de uma carta longa e encantadora, que Francisco escreveu à família em agosto de 1845, e que também descreve com vivos detalhes outros fatos e experiências de seus dois primeiros anos na América do Norte. Ele lutou com "os percevejos, os insetos, as seitas religiosas, a língua, e tantas coisas mais... o espírito vulgar de especulação, de negócios e dinheiro, a frieza e secura do povo — em nenhuma parte uma cruz ou uma igreja de peregrinação — nada de rostos alegres, nem cânticos nem gente cantando, tudo morto".

"Não obstante — continua ele no parágrafo seguinte — amo meu estado de vida... Estou sempre com tanta saúde quanto possível e não necessito da menor coisa — a melhor comida, de roupas ricas. Temos aquecimento e água na casa, que podem ser usados a noite toda."

Dirigindo-se ao pai, Francisco dedica um parágrafo ameno ao tema do rapé, que ele achou "muito bom" nos Estados Unidos, mas que seu mestre de noviços sugeriu abandonar. "Por longo tempo eu cheirei rapé com muito prazer, mas o Padre Mestre aconselhou-me a tentar deixar isto completamente. Dito e feito; e agora, por mais de um ano, não tomei uma só pitada, com a graça de Deus, não haverei de tomar mais nenhuma até que, pai querido, eu o encontre de novo no céu, onde tenho certeza de que o senhor vai logo oferecer-me uma boa pitada do genuíno Bolongaro. Que os santos no céu também cheiram rapé, um dos nossos padres, que não é contrário a isto, claramente apurou, porque mesmo um anjo certa vez trouxe rapé a um piedoso usuário, que por amor a Deus chegou a ter grande necessidade dele e ficou ansiando por ele por longo tempo com a máxima abnegação. Por isso, tenha bom ânimo, querido pai, até que mais uma vez nós tomemos rapé juntos."

Finalmente, escreve num tom sombrio sobre as dificuldades que tem pela frente e de novo se oferece. "Se tivesse agido conforme minha vontade e minha escolha, jamais poria o pé no solo norte-americano... [mas] com os dois braços, e com toda a minha imaginação e entusiasmo, abracei essa peleja e essa rotina da América do Norte. A pobreza e o descuido de grande parte dos alemães, a instrução dos filhos, e com o tempo, mais até, a dos negros, desde que aqui estão, fornecem farto material para reclamar toda a atividade de um padre que quer dedicar-se totalmente ao bem-estar do próximo."

O sonho que Francisco acalentara por tantos anos havia se tornado realidade, e Francisco, como veremos, estava pronto para "combater o bom combate da fé" (1Tm 6,12).

5

PÁROCO:
A PRIMEIRA DÉCADA

*P*ouco depois da ordenação, Pe. Seelos, como agora o chamaremos, mergulhou no trabalho paroquial. Ficou em Baltimore oito meses ajudando na paróquia de São Tiago. No outono de 1845, foi nomeado para a igreja Santa Filomena em Pittsburgh, Pennsylvania, onde iria passar os próximos nove anos. Essa igreja era chamada a "igreja-fábrica" porque o edifício provisório era antes uma fábrica. A antiga estrutura era pequena demais e mal comportava um terço dos paroquianos que lotavam o recinto na hora das missas; mais tarde, porém, os Redentoristas iriam construir uma nova igreja, consagrada no primeiro domingo de outubro de 1846.

Antiga igreja de Santa Filomena, em Pittsburgh

Perto do antigo prédio da fábrica, um outro prédio acanhado e disforme servia de casa paroquial. Esse prédio foi a primeira residência do Pe. Seelos em Pittsburgh, e era pequeno demais mesmo para os três padres nomeados para lá: os redentoristas João Neumann, José Mueller e Francisco Seelos; mais tarde viria juntar-se a eles o Pe. Hotz.

São João Neumann, superior do Pe. Seelos

Não obstante as condições primitivas, o Pe. Seelos fez progressos sob a guia e o cuidado do reitor da comunidade, Pe. João Neumann — mais tarde nomeado bispo — que seria canonizado em 1977, e é conhecido como São João Neumann. Seelos descreve mais tarde seu relacionamento com esse exemplar redentorista:

> Eu era seu súdito mas parecia mais um filho que precisava de ajuda, pois eu acabava de terminar o noviciado e não tinha experiência.

Sob todos os aspectos ele foi um notável pai para mim. Introduziu-me na vida prática; guiou-me como meu líder espiritual e confessor. Cuidava de todas as minhas necessidades corporais e espirituais; acima de tudo, o exemplo de suas virtudes está vivo na minha memória, sua terna modéstia, sua grande humildade e sua insuperável paciência. Nossa casa era tão pobre que certa noite tivemos de deixar nosso quarto durante uma forte tempestade e buscar proteção noutro lugar, porque a água estava caindo sobre nossas camas. Digo nosso quarto, porque ficávamos no mesmo quarto, com uma cortina como separação. Por isso muitas vezes pude ouvi-lo rezando suas orações durante a noite. Ele dormia tão pouco, que eu não conseguia entender como ele podia manter seu corpo e alma saudáveis. Porque ele geralmente se levantava antes da hora marcada, ele preparava o fogo, muitas vezes trazendo ele próprio o carvão, para que o quarto estivesse aquecido quando eu me levantasse (Curley, Michael J., *Cheerful Ascetic: The Life of Francis Xavier Seelos, C.Ss.R.*, Vice-Província de Nova Orleans, 1969, p. 65).

Com apenas vinte e um sacerdotes para atender cinco mil católicos no oeste da Pennsylvania, o bispo de Pittsburgh Miguel O'Connor — juntamente com os

Redentoristas — enfrentava uma situação pastoral desalentadora. Para visitar famílias católicas isoladas nos confins da diocese, os Redentoristas às vezes tinham de viajar até 150 quilômetros enfrentando as intempéries do tempo e terrenos acidentados.

Além disso, esses primeiros anos de ministério coincidiram com um tempo de fanatismo e de perseguição aos católicos nos Estados Unidos. Gangues hostis costumavam ameaçar e importunar os católicos em público; alguns lançavam tochas nas igrejas, incendiando-as. Os Redentoristas precisaram de muita coragem para sair às ruas da cidade ou aos campos em cumprimento de seus deveres pastorais.

Pittsburgh mesma era uma cidade turbulenta e em expansão, com seus trinta mil habitantes. Os imigrantes encontravam bastantes empregos a baixos salários nas fábricas, siderúrgicas, fornalhas de carvão e fábricas de vidros. Não

O bispo Miguel O'Connor

obstante, os cidadãos mais educados e ricos de Pittsburgh desprezavam esses recém-chegados que lutavam para superar as difíceis condições de vida, a doença e a insegurança econômica.

Pe. Neumann lançou Pe. Seelos num trabalho constante, que incluía a celebração de casamentos e batismos, visita aos doentes, atender as confissões e pregar em três línguas: alemão, francês e inglês. Apesar de seu inglês pouco correto e de forte sotaque, o povo era cativado pelos sermões do Pe. Seelos. Sua mensagem era simples, mas seu estilo de pregar era informal e muito interessante.

Aproveitando seu talento de contador de histórias, muitas vezes representava as narrativas da Bíblia, improvisando extensas conversas entre Jesus, os discípulos e outras personagens do Evangelho. Com o punho num dos quadris e depois no outro ao mudar de pessoa, ele infundia vida nas figuras bíblicas e injetava humor e humanidade nas conhecidas histórias. Inevitavelmente "Jesus" emergia de suas linhas históricas: ele extraía lições para o povo, fazia observações sobre a passagem evangélica e contava anedotas. O povo ficava encantado.

Esses sermões não eram, porém, tão espontâneos quanto pareciam. Pe. Seelos gastava horas escrevendo o texto palavra por palavra. Às vezes no meio do sermão ele parava, esperava o povo sossegar e depois continuava num tom de voz mais sério. Explicava a Sagrada Escritura e tirava as lições para seus ouvintes. Encerrava à maneira dos ministros evangélicos com seu "apelo do altar". Erguia os braços bem abertos e exclamava: "Ó pecadores que não tendes coragem para confessar vossos pecados porque são numerosos ou graves ou vergonhosos! Vinde sem medo nem temor! Prometo receber-vos com toda brandura; se eu não guardar minha palavra, aqui em público dou-lhes permissão para cobrar isto de mim no confessionário e me acusar de falsidade!"

Sua pregação e a promessa de "receber todos com brandura" incitavam mesmo os católicos tímidos e oprimidos pela culpa a procurá-lo. Por vezes, a fila de seu confessionário dava voltas na igreja e fora dela, fazendo os penitentes esperar duas ou três horas. O trato gentil e amigável do Pe. Seelos tornava fácil para os penitentes confiar nele, e sua confiança na misericórdia de Deus elevava seus ânimos. "Não é a vossa justiça mas sim a misericórdia de Deus que é o motivo da vossa confiança", pregava ele. "Ele é o Deus de toda consolação e o Pai das misericórdias. Ele não quer a morte do pecador, mas que ele se converta e viva. Ele veio para curar os doentes e para buscar o que estava perdido. Ele perdoou a mulher surpreendida em adultério. Mostrou misericórdia para com o ladrão crucificado com ele. Tomou sobre si nosso castigo. Rezou pelos seus assassinos. Agora intercede por nós à direita de Deus. Ninguém jamais se perdeu porque seu pecado era grande demais, e sim porque sua confiança era pequena demais!"

Pe. Seelos tinha palavras duras para os padres que não recebiam os penitentes com bondade e benignidade. "O padre que é áspero com o povo prejudica a si mesmo e aos outros", dizia. "Ele peca, pelo menos por ignorância... e escandaliza todos os que o vêem e o ouvem... Milhares rejeitam a Igreja e os sacramentos e perecem na eternidade somente porque foram mal acolhidos por um padre."

Pe. Seelos não tinha paciência com os religiosos que se queixavam sobre os incômodos de sua vocação ou jogavam em outros a culpa pelos seus sofrimentos. Às suas duas irmãs religiosas escreveria mais tarde:

> Oxalá todos os religiosos possuíssem fé suficiente, combinada com a coragem e a renúncia. Isso os tornaria capazes de ver nas suas tarefas diárias, nas ordens dos superiores, nas várias ocorrências imprevistas de cada dia, no desânimo e na infelicidade de qualquer espécie, a cruz mandada para eles individual e especialmente por Deus... Não são nem nossos confrades, nem nossas irmãs de congregação, nem mesmo nossos superiores, que ocasionam esses pequenos sofrimentos. Nós nos enganamos a nós mesmos e cedemos à tentação se nos consideramos maltratados por nossa comunidade. O bom Deus sempre está no fundo da cena. Ele permite que soframos tanto e por tanto tempo quando é bom para nós.

Além do dom de pregar e da competência no confessionário, Pe. Seelos tinha facilidade para lidar com crianças. Os

Redentoristas abriram uma escola perto da "igreja-fábrica", na qual Pe. Seelos ensinava o catecismo duas ou três vezes por semana. Logo tornou-se um visitante querido. "Nós crianças o amávamos e o adorávamos", escreveu depois um que foi seu aluno. "Tão grande era a impressão que sua santidade fazia em mim, que eu costumava andar atrás dele sem que ele o percebesse, cuidadosamente colocando meus pés nos mesmos rastos deixados por ele. Assim eu tentava literalmente caminhar nos seus passos."

Um outro estudante recordava que Pe. Seelos gostava de estar com os meninos no recreio e nas brincadeiras, praticando esporte e jogos com eles e rindo jovialmente com suas peraltices. Na sala de aula, porém, ele era mais sério. "Ele era todo ternura e gentileza. Explicava as verdades da religião com muita simplicidade, mas com tanto sentimento e sinceridade que até os mais irrequietos na pequena multidão ouviam com atenção."

Ao preparar as crianças para a Primeira Eucaristia, incutia-lhes a importância do momento citando todos os tipos de martírio que ele estaria pronto para enfrentar, antes que ver algum deles receber o Senhor indignamente. "Era falando do Santíssimo Sacramento que seu ardente amor irradiava-se", continua o estudante. "Ele costumava dizer que o pensamento do amor e da bondade de Jesus para conosco mostrados na Eucaristia quase o privava dos sentidos. Ficava às vezes tão dominado pela emoção durante essas palestras, que se via obrigado a parar por alguns momentos."

Sua espiritualidade não era feita de palavras e sentimentos piedosos. Durante seus anos em Pittsburgh, começaram a circular histórias sobre sua generosidade e bondade para com os pobres. Não havia nada de espetacular nas suas respostas às necessidades que encontrava; não tinha talento ou vocação para empreender imensos projetos. Antes, ele agia de modo simples e prático, por exemplo dando suas luvas a um transeunte que tiritava de frio, trocando de botas com um homem que tinha as botas rotas e estragadas, ou lavando uma trouxa de roupa para uma senhora doente. Um Redentorista recordava mais tarde: "Uma mulher pobre que ganhava a vida lavando roupa tinha um filho doente junto ao qual devia passar a noite. Por causa do duro trabalho durante o dia e da falta do sono da noite, ela estava tão exausta que quase não conseguia se mover. Pe. Seelos foi à casa dela várias vezes e tomou conta da criança em lugar dela, para que ela pudesse descansar um pouco".

A maioria das vezes sua ajuda era recebida com gratidão, mas ele teve alguns incidentes desagradáveis durante esse tempo de forte sentimento anti-católico. Certa vez, atendendo ao chamado para um doente, encontrou na porta um homem que rapidamente fechou todas as portas atrás dele e sem motivo espancou brutalmente o Pe. Seelos. Em outras ocasiões atiraram-lhe pedras, ameaçaram-no com armas e quase foi atirado ao mar numa balsa, simplesmente porque se ajoelhara no cais para mostrar reverência à hóstia consagrada que levava consigo.

Não era um tempo fácil para os padres na América do Norte, mas no decurso dessa primeira década do ministério do Pe. Seelos, o retrato que ia gradualmente emergindo dele era o de um sacerdote ardente e fortemente comprometido. "Enquanto em mim houver respiro, com vossa ajuda e graça, nunca desanimarei", escreveu nesse período nas notas de um retiro. "Estou plenamente preparado para tudo e para entregar meu corpo e minha alma completamente nas vossas mãos como holocausto... Quero morrer na Igreja Católica, na santa Congregação."

6

MINISTÉRIO PAROQUIAL EM MARYLAND. REITOR DOS SEMINARISTAS

Em março de 1854, Pe. Seelos foi transferido de Pittsburgh e nomeado pároco da paróquia de Santo Afonso, em Baltimore. Seguiram-se onze anos de ministério paroquial em três diferentes paróquias de Maryland: Santo Afonso, em Baltimore; São Pedro e São Paulo, em Cumberland; e Santa Maria, em Annapolis. Durante a maior parte desse período exerceu as funções de pároco, de superior da comunidade redentorista e de reitor do seminário redentorista.

Santo Afonso era a paróquia nacional de língua alemã em Baltimore, que incluía outras três comunidades e vários outros grupos católicos. Além da paróquia Santo Afonso, os Redentoristas eram responsáveis por duas

Igreja de Santo Afonso, em Baltimore

"comunidades missionárias", São Tiago e São Miguel, ambas a quase dois quilômetros de distância. Ademais, os Redentoristas estavam organizando um novo centro católico alemão no bairro Federal Hill da cidade, com a fundação da igreja da Santa Cruz. Os negros católicos recebiam igualmente seus cuidados pastorais, como também uma escola para crianças negras dirigida pelas Irmãs Oblatas da Providência. A administração dessa paróquia era complexa, e imensas as necessidades pastorais.

Uma vez mais Pe. Seelos mergulhou no mundo agitado do ministério paroquial, e mais uma vez teve o cuidado de dedicar seu tempo às necessidades pessoais dos mais humildes dos paroquianos, mesmo quando isso era mais incômodo. Seus confrades diziam que ele normalmente ia dormir sem trocar de roupa ou deitava-se num banco perto da porta da entrada, de modo que pudesse responder imediatamente ao infalível chamado para atender doentes à noite. As prostitutas de certa casa de Baltimore nunca haveriam de esquecer a noite em que Pe. Seelos chegou lá apressado para atender uma mulher nova que estava morrendo. Ficou com ela até o fim, sabendo muito bem que essa visita longa a altas horas da noite daria o que falar. Poucos dias depois, quando um ansioso amigo lhe mostrou uma manchete de jornal insinuando o óbvio, ele sorriu e disse simplesmente: "Deixa as pessoas falar; salvei uma alma".

Em Maryland como na Pennsylvania, ele era um confessor muito procurado. Alguns sentiam que ele tinha "um poder que outros não possuíam", ou seja, a capacidade de ler nos corações ou de ver profundamente além da superfície das palavras. Também atraía e convertia muita gente. Entre esses convertidos estava uma jovem viúva cujo marido morrera enquanto trabalhava na parte externa da igreja. A bondade do Pe. Seelos após a morte do marido causou-lhe tamanha impressão, que ela decidiu instruir-se na fé católica. O Rev. Cleveland Coxe, seu pastor e futuro bispo episcopal do oeste de Nova York, veio a saber da situação e interveio. Dirigiu-se à casa paroquial e insistiu em debater com Pe. Seelos na presença da viúva. Mas a viúva interrompeu logo o debate, dizendo: "Sr.

Coxe, não adianta o sr. continuar. Somente agora vejo claramente que a Igreja Católica Romana é a verdadeira Igreja".

Assuntos de rotina, obviamente, ocupavam boa parte do tempo do Pe. Seelos. "Desde a manhã até a noite estou sobrecarregado de cuidados e preocupações", escreveu à sua irmã durante esse período. "Brancos e negros, alemães e ingleses, confrades e paroquianos, clérigos e leigos, mulheres da aristocracia e religiosas, pobres e doentes, pedem minha assistência. Um quer isto, o outro aquilo. Não há descanso. Preciso fazer verdadeiro esforço para roubar um pouco de tempo para a leitura espiritual ou a visita ao Santíssimo Sacramento. Se eu lhe contasse as experiências de um só dia, você ficaria pasmada."

Conhecendo sua frustração por essa carta, é significativo que a maioria das pessoas o considerava aberto e acessível. Um membro da comunidade dizia mais tarde: "Embora ele fosse o superior e sua atenção fosse muito solicitada, nunca era demais para ele ficar meia hora com um pobre que recebia a refeição no convento. Ele pacientemente en-

75

corajava o coitado, tentando colocar-se no lugar dele para entendê-lo melhor".

Um outro confrade não era tão compreensivo. Censurou Pe. Seelos um dia por "gastar o tempo escandalosamente" com uma mulher pobre, velha e excêntrica, que ele consolou durante horas. Pe. Seelos respondeu: "Nada faço de errado recebendo todos bondosamente, sem distinção. Seria errado receber uns afavelmente e outros rispidamente".

O ritmo estonteante da vida apostólica do Pe. Seelos haveria de repercutir na sua saúde. Em março de 1857 teve um resfriado e sentiu dores certo dia após ouvir confissões. Estava fazendo exercícios para regular a circulação quando de repente o sangue jorrou-lhe da boca. Pe. Seelos não se deixou alarmar e dedicou-se a seu trabalho pelo resto da tarde, mas seus confrades redentoristas informaram o superior provincial. Ele mandou que Pe. Seelos fizesse repouso. O médico que o examinou constatou que se lhe rompera uma veia na garganta e disse que teria de ficar quieto na cama por um longo período se quisesse recuperar a saúde.

Pe. Seelos sentiu que sua garganta melhorava, mas o provincial achou melhor transferi-lo para um trabalho relativamente calmo, o da formação. "Considero absolutamente necessária essa mudança — escreveu o provincial, para que o Pe. Seelos não fique exposto ao perigo de uma recaída dentro de curto prazo, e ao risco de ficar para sempre incapaz de trabalhar. Se o deixo trabalhar aqui em Baltimore, talvez não consiga controlá-lo, e em pouco tempo ele certamente ficará inválido."

Pe. Seelos foi nomeado Pároco da igreja de São Pedro e São Paulo, uma pequena igre-

Seminário São Pedro e São Paulo

ja de Cumberland, Maryland, e "prefeito" ou reitor dos seminaristas redentoristas no seminário anexo. Como reitor devia cuidar da formação espiritual e do bem-estar geral de aproximadamente sessenta jovens, de pelo menos seis diferentes nações, e também daria aulas no seminário. No primeiro ano, foi-lhe ordenado que se poupasse, não lhe sendo permitido pregar sermões nem cantar Missas solenes, para deixar sua garganta sarar completamente. Em agosto ele escrevia: "Minha saúde está tão recuperada, que sou capaz de cumprir todos os meus deveres e ainda acho tempo para rezar e estudar. Continuo sentindo até agora o lugar da ruptura mas não me causa dor nem incômodo".

Pe. Seelos exerceu com naturalidade sua nova função de pai, mentor, modelo e amigo dos estudantes redentoristas. Era um religioso realmente feliz, de modo que era-lhe fácil comunicar o amor e o respeito que tinha pela Congregação e seus membros. Quanto a seu novo cargo de professor, preparava cuidadosamente as aulas e, a maioria das vezes gostava de dá-las. Escreveu a um amigo religioso, num inglês razoável:

Tenho de ensinar teologia, dogmática e exegese... Para capacitar os Padres da nossa Congregação para estarem bem preparados para o confessionário, nosso estudo principal é a teologia moral; mas eu nunca encontrei um gosto especial neste estudo, e fiz apenas um ato de virtude quando obriguei-me a esse estudo, por mais de cem razões; mas a parte doutrinal, histórica e exegética da teologia sempre foi e sempre será o meu maior deleite; pois realmente ela conduz ao mundo do além, perto de Deus (Curley, Michael J., *Cheerful Ascetic: The Life of Francis Xavier Seelos, C.Ss.R.*, Vice-Província de Nova Orleans, 1969, p. 165).

Embora os estudantes não tivessem abundância de alimento ou conforto, tinham uma grande afeição para com Pe. Seelos. Fora da sala de aula, ele era acessível e brincalhão; gostava de estar com os estudantes no recreio. Muitas vezes eles faziam longos passeios a pé com Pe. Seelos à frente, cantando e contando histórias e geralmente divertindo-se mais do que todos eles juntos. Quando os estudantes reclamavam que ele sempre cantava o mesmo hino, ele replicava com um sorriso: "Uma vez belo, sempre belo".

Três dos estudantes formavam o que eles chamavam "A Sociedade Risonha". Pe. Seelos ficou curioso para saber o que era e perguntou se podia entrar. Depois de uma breve consulta, foi aceito. As regras da sociedade eram: A qualquer momento um dos membros podia ser chamado para contar uma piada. Mas ninguém podia rir até que se desse um sinal. Primeiro havia uma consulta, para decidir se a piada merecia um riso ou uma careta. Se fosse um riso, todos os membros tinham de começar a rir e depois parar imediatamente ao sinal dado. Quem risse por último ganhava uma penitência de orações. Pe. Seelos tinha facilidade para começar a rir, mas infelizmente nunca podia parar depois de começar. Depois de "ganhar" várias penitências pesadas, timidamente pediu licença para sair da sociedade.

Em abril de 1861, a sangrenta Guerra Civil Americana começou, estragando a paz e a calma do seminário de Cumberland. Já que Maryland era um estado limítrofe, a ameaça de uma batalha na área era real. Em junho, um boato de que o seminário redentorista era um esconderijo de armas e munições provocou uma inspeção forçada. Incidente mais sério ocorreu em agosto, quando os seminaristas que praticavam esporte perto da divisa da Virgínia foram tidos por um exército invasor. Em suma, a vida do seminário em Cumberland estava ficando desconfortável a cada mês que passava.

Na primavera de 1862, Pe. Seelos e seus estudantes mudaram-se para a casa redentorista de Annapolis, Maryland. O imóvel ocupado por essa fundação fora antes propriedade de Carlos Carrol de Carrolton, o úni-

Seminário e igreja Santa Maria

co católico que assinou a Declaração da Independência. Pe. Seelos foi nomeado superior religioso da comunidade e pároco da igreja de Santa Maria, ao qual o novo seminário estava ligado. Ele gostou do terreno do novo e espaçoso seminário, que tinha jardins em forma de terraços e uma bela vista da baía de Chesapeake à distância. Naquele verão, ele reservou um tempo cada dia para os estudantes visitarem a propriedade na praia e darem um mergulho. "A água salgada, dizia ele, refresca o corpo e fortalece os membros".

A 3 de março de 1863 o Presidente Abraham Lincoln assinou o Ato de Alistamento, estipulando que todo homem de idade entre vinte e quarenta e cinco anos podia ser convocado, a não ser que pagasse trezentos dólares (o equivalente a aproximadamente dois anos de salário de um soldado) para um substituto. Os Redentoristas não podiam pagar a taxa de isenção, naturalmente, e ficaram preocupados com a possibilidade de seus confrades mais jovens serem forçados a entrar para o exército.

Depois da batalha de Gettysburg (1 a 3 de julho de 1863), cresceu a ansiedade do

Pe. Seelos. "Na próxima segunda-feira — disse ele aos confrades — irei a Washington para ter um encontro, se possível, com Abraham Lincoln e conversar com ele sobre o recrutamento. Se não conseguir obter dispensa dessa injusta imposição, preferiremos ir para a cadeia a pegar em armas." Juntamente com um outro confrade, Pe. Seelos foi de fato encontrar-se com o Presidente Lincoln. Ele os recebeu gentilmente, mas foi incapaz de garantir-lhes que os estudantes ficariam isentos do recrutamento. Se isso acontecesse, nenhum dos estudantes teria de ingressar no serviço militar.

Não obstante os esforços do Pe. Seelos para servir bem e fielmente sua comunidade religiosa, alguns dos confrades tinham dificuldade com seus métodos. Outros eram talvez invejosos de sua popularidade. Em todo caso nessa época uns poucos redentoristas influentes começaram a gastar incrível quantidade de tempo e de energia redigindo queixas oficiais sobre seus defeitos pessoais. Um confrade se queixou aos superiores locais e aos de Roma de que Pe. Seelos não tinha experiência, visão e firmeza para ser superior e ainda — último golpe — não sabia falar bem o latim. Outros se queixavam de que ele era "uma velha mãe" e um "cabeça-dura". Era acusado de ser uma galinha-morta e criticado por permitir aos estudantes tocar música após a oração da noite, nadar e encenar peças teatrais na aula.

Esses podem parecer a nós hoje assuntos não graves, mas naquele tempo a formação religiosa era altamente estruturada e controlada. Esse método não combinava com o rígido modelo europeu de formação religiosa, que era o único conhecido por seus superiores. Não quer dizer que ele violava as regras, mas de boa vontade as interpretava para adaptá-las às necessidades e à cultura da sua primeira geração de seminaristas norte-americanos. Em suma, era um pioneiro na sua própria Congregação, e alguns de seus confrades não estavam preparados para suas idéias progressistas.

O tiroteio de queixas e acusações teve como resultado que ele foi de repente declarado "inábil" para orientar os sessenta estudantes na formação religiosa. Foi uma demissão humilhante, pondo em xeque a competência e o exemplo do Pe. Seelos na vida religiosa. Pior ainda, o Pe. Nicolau Mauron, superior geral de Roma, tomou a decisão sem informar Pe. Seelos das acusações contra ele: Pe. Seelos não teve oportunidade de rebatê-las nem de se defender. Foi terrivelmente desleal.

Embora deva ter ficado abalado pela notícia, Pe. Seelos não caiu na amargura. Sua longa e minuciosa carta de resposta ao Pe. Mauron é motivo bastante para a canonização. Com jovial cortesia, agradece ao superior geral sua bondade e gentileza para com a comunidade de Annapolis e informa-lhe que Pe. Geraldo Dielemans, o novo prefeito trazido da Europa, chegou e tomou posse felizmente. "Toda a mudança operou-se sem qualquer dificuldade, porque todos ficaram felizes por vê-la como a maior das bênçãos e aceitaram o novo prefeito com gratidão... Ficarei feliz caminhando de mãos dadas com o novo prefeito e ajudando-o onde quer que deseje meu auxílio. Parece-me que a escolha não poderia ter recaído sobre um padre melhor e mais capaz, e espero com toda segurança que nosso amado Deus certamente haverá de dar sua plena bênção a este favor, dado pelo vossa mão paternal."

Uma coisa é certa: Pe. Seelos não lastimou ter de deixar algumas de suas responsabilidades e fardos de liderança. Anos antes, escrevera à sua irmã que ele ansiava por deixar esses deveres administrativos — "o trabalho de Marta" — para poder juntar-se a Maria, "adoravelmente sentada aos pés de Jesus". Exatamente dois anos antes, Pe. Seelos ficara atemorizado ao ouvir que ele estava no topo da lista de candidatos recomendados pelo bispo Miguel O'Connor para sucedê-lo como bispo de Pittsburgh. Escreveu cartas enérgicas a familiares e amigos pedindo-lhes que rezassem para que seu nome fosse rejeitado. Chegou ao ponto de escrever pessoalmente ao Papa Pio IX dando uma descrição depreciadora de si próprio. De fato, não foi escolhido para esse ofício — quase certamente por causa de sua nacionalidade mais que por algum defeito percebido. Pe. Seelos celebrou sua liberdade naquele dia jubilosamente concedendo a todos os estudantes um "animado dia de recreio".

7

PREGADOR DE MISSÕES, PÁROCO OUTRA VEZ, MORTE EM NOVA ORLEANS

Pouco depois de acontecida sua substituição no seminário, Pe. Seelos foi nomeado superior do grupo missionário redentorista. Continuou trabalhando como superior da comunidade redentorista e pároco de Santa Maria, mas nos três anos seguintes viajou bastante. Os membros do grupo missionário viajavam de uma paróquia à outra realizando uma cuidadosa programação de sermões e exercícios espirituais. Instrução catequética básica e encorajamento espiritual eram uma necessidade urgente para confirmar a fé dos novos imigrantes nesses primeiros anos da vida católica norte-americana.

Normalmente, ao menos dois redentoristas pregavam a missão; em paróquias maiores, participavam até seis redentoristas. O objetivo da missão era tríplice: fortalecer e renovar a vida espiritual dos membros ativos da paróquia, convidar os católicos lapsos a regressarem à prática da fé e fazer novas conversões. A missão redentorista típica durava de uma a duas semanas, com sermões e conferências apresentadas em noites consecutivas e ocasião para se confessar de noite e de dia. A confissão era considerada o ponto alto da missão; os missionários ficavam até doze horas por dia no confessionário. Então, como agora, a missão redentorista conforme instituída por Santo Afonso de Ligório era um formidável instrumento de evangelização que produzia uma rica e contínua messe de novos e renovados cristãos.

Entre 1862 e 1865 os Redentoristas pregaram uma média de trinta e três missões por ano, por todo o meio-oeste e o leste dos Estados Unidos. Não obstante as dificuldades de viajar durante o tempo da guerra — trens vagarosos e de horários limitados, "repletos de soldados rudes, todos fazendo brincadeiras grosseiras e falando uma linguagem vulgar" — os Redentoristas eram galvanizados pelo sucesso das missões e tocados pela dedicação e devoção de tantos católicos, sedentos de renovação espiritual, que viajavam até 50 quilômetros para ouvir os missionários.

Pe. Seelos pregou missões em Missouri, Illinois, Wisconsin, Ohio, Pennsylvania, Nova York, Nova Jersey, Connecticut e Rhode Island. "Gosto do trabalho das missões mais que de qualquer outra coisa — escreveu ele entusiasmado numa carta à sua irmã em 1863. É exatamente *a* obra na vinha do Senhor; é obra inteiramente apostólica."

O povo era habitualmente levado a chorar pelo ardente apelo dos missionários para dedicar suas vidas de novo a Jesus Cristo Redentor. "Nele há copiosa redenção!" era e ainda é o exuberante lema redentorista.

Onde quer que fossem os missionários, pregavam a boa-nova do inesgotável amor de Deus para com seu povo. Pe. Seelos escreveu: "O auxílio do poder sobrenatural é claramente visível, de modo que muitas vezes somos humilhados vendo a grande misericórdia e bondade de Deus". No fim de uma missão, conforme Pe. Seelos, o povo estava tão dominado por sentimentos de gratidão, que quase agarrou os Redentoristas e os carregou nos braços!

Muitos sentiram o que alguém descreveu como "a febre de Seelos"; durante as missões, "todos acorriam a ele para a confissão, a instrução e consolo". Uma das razões pelas quais tinha tanto sucesso no confessionário era que ele nunca apressava os penitentes, pouco importando por quanto tempo aguardavam. Sinceramente queria ouvir tanto quanto possível sobre a vida do penitente para tentar entender a motivação de cada falta ou pecado. Seu lema pessoal era *Non multa, sed multum* (Não muitos, mas muito).

Certo confrade perguntou ao Pe. Seelos depois que ele ficou no confessionário uma hora a mais que os outros, quantas confissões a mais ele tinha ouvido. "Uma", respondeu Pe. Seelos simplesmente. "O quê?" disparou o confrade, pasmado. "Só uma?" Ele replicou: *"Unum, sed leonem"* (um só, mas era um leão).

Num momento de fadiga, sem dúvida, Pe. Seelos deu vazão a uma persistente frustração. "Não tenho nenhum sofrimento especial, embora a vida de um religioso não pode ser sem cruz, nem deveria ser", escreveu ele à sua irmã. "O amor da minha vocação torna tudo fácil para mim. Mas tenho pesar de uma coisa: que nesta função devo de novo exercer o cargo de superior. Quando é que finalmente serei novamente um súdito, quando poderei simplesmente obedecer?"

Em 1865 o desejo de Pe. Seelos de viver como simples súdito foi realizado. Entre novembro de 1865 e setembro de 1866 foi nomeado para a igreja de Santa Maria em Detroit, Michigan, onde ele ajudou no serviço paroquial. Embora sua estadia fosse breve, deixou uma impressão duradoura no bispo de Detroit Pedro Paulo Lefevere, que observou: "Sinto muito que o Pe. Seelos tenha de deixar a minha diocese, pois basta olhar para ele para ver que ele é santo".

Pe. Francisco Van Emstede, superior da comunidade redentorista de Detroit, ficou igualmente impressionado quando ele percorreu a lista dos chamados para doente que Pe. Seelos lhe entregou ao partir. Um confrade recordava: "Quando Pe. Van Emstede viu a pobreza e a miséria dessas pessoas e elas lhe disseram como Pe. Seelos tinha sido seu amigo e consolador, ele entendeu por que o amavam".

Os confrades que o conheciam melhor disseram que Pe. Seelos gostava quase tanto de visitar os doentes quanto gostava de pregar missões, dedicando dias inteiros a esse ministério quando podia fazê-lo. Já que ele próprio sabia muito sobre doenças desde criança, tinha como entender o sofrimento e a solidão dos doentes e sabia como confortá-los. Ele

Igreja de Santa Maria, em Nova Orleans

nunca rezava apenas as preces costumeiras e saía às carreiras, mas puxava uma cadeira para conversar um pouco, lia para o doente um pouco de seu livro favorito, ou fazia-lhe companhia deste ou daquele modo.

No dia 27 de setembro de 1866 Pe. Seelos foi transferido para a paróquia da Assunção de Maria em Nova Orleans. Era uma cidade difícil e perigosa: perigosa porque o clima quente e úmido causava doenças: difícil porque os imigrantes de várias nacionalidades acorriam para a área, brigando e competindo por empregos. Nessa época, Nova Orleans só perdia para Nova York como porta de entrada de imigrantes para os Estados Unidos.

Pe. John Duffy

Pe. Seelos ficou eufórico ao receber a notícia dessa nomeação. A maioria dos membros da comunidade redentorista de Nova Orleans havia sido estudantes seus numa ou noutra época; receberam seu amado formador com alegria. Pe. John Duffy, reitor da comunidade de Nova Orleans, chegou ao ponto de afirmar que amava Pe. Seelos mais que sua própria mãe.

As reminiscências de um outro antigo estudante, Pe. Benedict Neithart, oferecem-nos um encantador testemunho sobre o alegre último ano de vida do Pe. Seelos:

Todos os padres e irmãos daqui que conheceram Pe. Seelos como reitor e prefeito dos estudantes no norte muitas vezes observaram que ele parecia muito mais feliz do que jamais havia sido antes. Nunca parecia preocupado; nenhuma responsabilidade o aborrecia; nenhuma ansiedade anuviava seu nobre semblante. Seus passos eram ligeiros e elásticos; seu sorriso cordial e luminoso; suas feições tão calmas quanto um céu sem nuvens; seu coração uma perpétua festa. Por vezes não conseguia reprimir sua alegria interior, e então exclamava, com a mão no coração: "*Hier ist's gut sein, im lichten warmen Süden; als gemeiner Soldat*". ("É bom estar aqui, no sul ensolarado e quente, como um soldado comum!") Agora completei o circuito de todas as casas. Aqui é o meu lar; aqui viverei com um livro num canto. Aqui vão descansar meus ossos no túmulo; pois acho que já vaguei bastante.

Nessa época Pe. Seelos era amplamente considerado um santo. O povo continuava sendo atraído por ele, confiando nele, chamando-o quando havia doença. Alguns contam que notáveis conversões e curas acompanhavam suas visitas. Outros diziam simplesmente que se sentiam mais contentes e esperançosos depois de passar um tempo na sua frente. Mas nos planos de Deus o tempo de ministério do Pe. Seelos em Nova Orleans seria breve.

No outono de 1867, uma epidemia especialmente virulenta de febre amarela paralisou Nova Orleans. Um terço dos cento e cinqüenta mil habitantes contraíram o vírus; quinhentos morreram. No dia 17 de setembro, o próprio Pe. Seelos pegou também a doença. Por sinal, seu último gesto pastoral foi visitar um outro homem que estava morrendo da doença. Embora estivesse sentindo-se mal naquele dia, caminhou uma distância considerável para cuidar do doente e ficar com ele até o fim. Voltou para casa às três da tarde e foi para a cama.

A princípio, os confrades de Pe. Seelos pensaram que ele tivesse um tipo brando de febre. Mas um de seus pulmões foi afetado e ele perdeu o apetite. Seu enfermeiro, Irmão Louis Kening, perguntou-lhe se havia algo que ainda precisasse ser feito em matéria de herança ou semelhantes. Mantendo intato o senso de humor, Pe. Seelos respondeu: "Não, nada absolutamente. Antes que eu viesse para os Estados Unidos, cuidamos de tudo... Não ganhei nada e eles também nada".

Quando ele entrou em delírio, seus confrades perceberam que o fim estava próximo. Não obstante, havia momentos de descontração enquanto seus irmãos redentoristas mantinham-se a seu lado. Certa noite, num delírio momentâneo, Pe. Seelos gesticulou energicamente e pregou em francês, inglês e alemão sobre determinado texto da Bíblia. Depois adormeceu. Logo acordou de novo num ímpeto e perguntou: "Onde estou? Estou morto?" Os confrades no quarto desataram a rir.

Na aurora de sexta-feira, dia 4 de outubro, ele parecia visivelmente mais fraco que na véspera. Os confrades reuniram-se ao redor de sua cama, alguns de joelhos, um segurando uma vela, e começaram a rezar as orações pelos agonizantes. A certa altura, alguém teve a idéia de que podiam suavizar a morte do Pe. Seelos mais cantando que pela oração. Quando perguntaram ao doente se ele gostaria, ele sorriu e acenou com a cabeça. Juntos, cantaram um dos cânticos marianos de que ele mais gostava, "Gentle Queen". O Irmão Louis escreveu depois:

Pode parecer estranho que nós fôssemos capazes de cantar numa hora daquelas, mas devo dizer que o doente visivelmente sentiu-se aliviado com isso; parecia inteiramente animado com o canto e liberto de seus sofrimentos, olhando para cima como se já visse os céus se abrindo. Quando notamos isto, nós também nos sentimos aliviados... e então dessa forma Pe. Seelos adormeceu suave e calmamente, sem convulsões nem tensão, para uma vida melhor.

Pe. Seelos morreu na idade de quarenta e oito anos, pouco antes das seis horas da tarde, na sexta-feira 4 de outubro de 1867. Imediatamente após a morte foi revestido dos paramentos sacerdotais, colocado num caixão e velado na igreja da Assunção de Maria.

Naquela noite, embora caísse uma tempestade, logo que o sino da igreja comunicou a triste notícia de que Pe. Seelos havia morrido, seus parentes e admiradores começaram a afluir à igreja.

Pela manhã a afluência tornou-se uma onda e depois uma enchente. Durante as três semanas em que esteve doente, os jornais diários de Nova Orleans haviam publicado boletins regulares sobre sua saúde. A notícia de sua morte ocupou a primeira página no dia 5 de outubro. Ricos, pobres, negros, brancos, novos imigrantes e nativos vieram de todas as partes da cidade para vê-lo pela última vez e para render-lhe homenagens. Traziam terços, medalhas e livros de reza para tocar o caixão ou as mãos do morto. "Sim, a multidão era tão grande — dizia Irmão Louis — que eu e um outro nos colocamos perto do caixão para que os castiçais e tudo o mais não fossem derrubados."

Após o solene *Requiem*, o caixão foi carregado em procissão por quatro irmãos e outras pessoas em torno da igreja da Assunção de Maria e depois descido à cripta. Aí seu corpo permanece ainda hoje, e muitos vêm rezar diante dele e prestar-lhe homenagem.

Pouco antes de sua nomeação para Nova Orleans, Pe. Seelos havia dito: "Agora estive em todas as casas que temos nos Estados Unidos, como exceção da de Nova Orleans. Mas se vou para lá, vou ficar lá para morrer lá". O menino que quis seguir os passos de São Francisco Xavier tinha chegado ao seu lar celestial.

O túmulo de Seelos como está hoje

EPÍLOGO

Pe. Seelos morreu a 4 de outubro de 1867 em Nova Orleans, numa sexta-feira tempestuosa e foi sepultado no dia seguinte na igreja da Assunção de Maria em meio à grande tristeza dos paroquianos que lotavam a igreja a mais não poder. Mas quando seus restos mortais baixaram à cripta no chão do santuário, sua memória não foi sepultada com ele. Havia muita coisa para se lembrar a seu respeito e muitas pessoas que não queriam ou não podiam esquecer aquele homem tão santo e gentil.

Havia, naturalmente, aqueles cujas vidas tinham sido radicalmente tocadas por sua pregação, por seu ensinamento, pelos seus conselhos benévolos mas firmes no confessionário. Havia aqueles cuja mais preciosa lembrança eram as cartas de consolo e de conselhos espirituais que tinha escrito para eles e que eles não se permitiam destruir.

Vimos nesta biografia os muitos modos como Pe. Seelos tornava Deus real e amável para os que recebiam o influxo de sua vida amorosa e de seu trabalho sacerdotal. Não devemos, porém, esquecer ou passar por alto alguns outros modos como Pe. Seelos tornou visível aos outros o mundo invisível e trouxe a bondade e o poder de Deus para frutificar em suas vidas.

Em Pittsburgh, mesmo sendo padre muito jovem, Pe. Seelos ganhou a fama de obter favores extraordinários de Deus. Vivia lá a pequena Filomena, cujos ataques epilépticos eram tão terríveis e pela qual os médicos nada podiam fazer, a ponto de sua mãe pedir ao Pe. Seelos que rezasse para Deus levá-la para Ele. Em vez disso, Pe. Seelos orou sobre ela e ela ficou curada. Contam que um aleijado veio certo dia à casa paroquial e pediu para falar com Pe. Seelos. Quando estavam os dois no locutório, o aleijado chegou perto da janela aberta, lançou suas muletas no jardim e disse que não sairia de lá até que Pe. Seelos lhe desse a bênção e o curasse. Pe. Seelos o abençoou e ele passou a andar sem a ajuda de ninguém. E houve outros favores semelhantes recebidos por meio de suas preces onde quer que Pe. Seelos trabalhasse.

Como se notou, era muito difundida a fama de Pe. Seelos como sábio e bondoso confessor. Mas para muitos confessar-se com Pe. Seelos representava algo mais. Um advogado em Pittsburgh contou que quando se ajoelhava diante dele "um poder singular me invadia". Uma freira carmelita disse que ele "conhecia minha vida interior antes que eu lhe falasse a respeito". Uma mulher de Nova Orleans disse que indo confessar-se com ele, a pessoa sabia que estava na presença de um santo. Um carpinteiro em Baltimore observou que Pe. Seelos no confessionário exercia certo poder sobre aqueles aos quais ninguém mais pudera fazer coisa alguma.

Havia ainda outros modos insólitos pelos quais Pe. Seelos dava aos outros uma experiência do misterioso mundo escondido de Deus. Em Cumberland, Maryland, um Irmão redentorista foi à silenciosa capela certa tarde e viu lá Pe. Seelos com os braços abertos em forma de cruz "suspenso do solo uns 30 centímetros". Um padre redentorista estava convencido de que Pe. Seelos podia prever o futuro, pois tinha predito algo sobre seu irmão, que na época era muito improvável mas realmente veio a suceder. Quando ia de trem para Nova Orleans, em 1866, uma freira perguntou-lhe quanto tempo ficaria lá, respondeu calmamente: "Por um ano e depois vou morrer de febre amarela"; foi exatamente o que aconteceu.

Um jovem condutor de carruagem de Nova Orleans, acamado com febre amarela, mandou chamar Pe. Seelos. Quando este entrou no quarto, conforme o homem afirmou, "eu o vi rodeado por uma luz brilhante"; e ele insistia que estava em pleno uso de suas faculdades e que não havia outra luz no quarto. Uma viúva de meia idade, recordando seu tempo de escola, testemunha que quando ele vinha à sala "o ambiente parecia iluminado com certo brilho sobrenatural", e Pe. Seelos "parecia rodeado por raios de luz celestial". Um padeiro de vinte anos de Nova Orleans narrou que ele viu Pe. Seelos certo dia na rua mas quase não o reconheceu. Havia "algo de angelical na sua aparência" que o impressionou e o encheu com uma irresistível experiência de alegria.

Esses sinais insólitos da presença de Deus na vida de Pe. Seelos e o testemunho do amor a Deus e ao próximo, manifestado em cada ação dele não passavam despercebidos dos outros. O Irmão Louis Kenning, que cuidou dele nos seus últimos dias, escreveu no seu diário que "todos que o conheceram consideram-no como santo e com razão, pois ele o é". No segundo aniversário da morte do Pe. Seelos, esse Irmão escreveu ao Superior geral em Roma, solicitando-lhe que animasse o Superior provincial norte-americano "a cuidar que algumas coisas fossem escritas e preservadas" sobre Pe. Seelos pelos que o conheceram mais de perto, para não se perderem para sempre.

As palavras do Irmão Louis não ficaram desatendidas. Pois durante mais de uma década, as cartas e manuscritos do Pe. Seelos foram colecionadas e foi pedido aos que o conheceram ou moraram com ele que escrevessem suas recordações. Pelo ano 1883, bastante material estava reunido para permitir que o Pe. John Berger, C.Ss.R., sobrinho e primeiro biógrafo de São João Neumann e estudante no tempo do Pe. Seelos, começasse uma biografia. Mal havia ele posto mãos à obra, quando veio a falecer inesperadamente. A biografia foi completada por Peter Zimmer, C.Ss.R., outro estudante do Pe. Seelos e foi publicada em 1887, *Leben und Wirken des Hochwürdigen P. Franz Seelos, aus der Congregation des allerheiligsten Erlösers.*

O túmulo do Pe. Seelos em Nova Orleans tornou-se um lugar de peregrinação para os que procuravam sua intercessão em todas as suas necessidades. Eram muitos os favores recebidos. O povo simples estava convencido da santidade dele e do poder de suas orações; então era hora de buscar o reconhecimento oficial da Igreja. Entre 1900 e 1903 quatro investigações eclesiásticas foram efetuadas: em Pittsburgh, Baltimore, Nova Orleans e Augsburg, Alemanha. Nelas, sessenta e sete testemunhas foram interrogadas sobre a vida virtuosa e o trabalho do Pe. Seelos; delas, cinqüenta e sete eram testemunhas oculares que o tinham conhecido pessoalmente. Transcrições dos testemunhos foram enviadas a Roma com a esperança de que, dentro de curto prazo, o processo de canonização do Pe. Seelos seria aceito pelo Vaticano e progrediria facilmente e com êxito. Mas as coisas haveriam de acontecer de modo diverso; bem diverso de fato.

Por razões que não são claras mesmo para analistas experientes do processo de canonização do Pe. Seelos, a causa ficou parada até 1970, quando a Congregação para as Causas dos Santos aceitou oficialmente Pe. Francisco Xavier Seelos como candidato à santidade, e lhe deu o título de "Servo de Deus".

Entrementes, porém, sua reputação de santidade entre o povo não desapareceu. Seus devotos recordavam-se dele durante esses longos anos e vinham ao seu túmulo na igreja da Assunção de Maria, em Nova Orleans, para pedir seu auxílio; e suas orações foram ouvidas. No início dos anos 60 foi criado o Seelos Center junto a seu túmulo para atender ao crescente número de pedidos de informação sobre ele, e começou a ser publicado um boletim mensal, chamado *Father Seelos and Sanctity*. O número de cartas recebidas em média todo mês em 1999 foi acima de mil e setecentas. Para familiarizar o grande público com Pe. Seelos, foi publicada em 1969, com base numa ampla pesquisa, uma biografia escrita por Michael J. Curley, C.Ss.R., intitulada *Cheerful Ascetic: The Life of Francis Xavier Seelos, C.Ss.R.*

No nível eclesiástico oficial, tinha havido progresso nesses anos intermediários. Tiveram prosseguimento o estudo e a pesquisa, e foi programada uma obra sobre a vida e a santidade do Pe. Seelos, baseada nos depoimentos das testemunhas das quatro investigações de 1900-1903, e nos documentos existentes. Esse projeto foi confiado a Carl Hoegerl, C.Ss.R., que terminou em 1998 a obra intitulada *Documentary Study of the Life, Virtues, and Fame for Holiness of the Servant of God, Francis Xavier Seelos, Professed Priest of the Congregation of the Most Holy Redeemer*. Essa biografia documentada ganhou a aprovação de seis historiadores a 14 de dezembro de 1999, e de oito teólogos a 5 de janeiro de 2000. Na presença de S. Santidade, o Papa João Paulo II, foi promulgado a 27 de janeiro de 2000 um decreto declarando que Pe. Seelos havia praticado as virtudes cristãs em grau heróico. Com isso ele obtinha o título de "Venerável".

No mesmo dia 27 de janeiro, também na presença de S. Santidade, o Papa João Paulo II, foi promulgado um decreto atribuindo uma cura milagrosa à intercessão do Pe. Seelos. Em 1966, foi diagnosticado na Srta. Ângela Boudreaux um tumor maligno grande e impossível de ser operado, que quase destruiu seu fígado. O médico que a tratava estava convencido de que ela não tinha chance alguma de sobreviver. Prevaleceu, no entanto, a confiança que ela pôs no auxílio do Pe. Seelos, pois em duas ou três semanas ela voltou à vida normal. O médico recorda esse fato como o mais notável caso de seus muitos anos de profissão. Agora o caminho estava aberto para a solene cerimônia da beatificação na Praça de São Pedro, realizada no dia 9 de abril de 2000. Pe. Seelos tem agora o título de "Bem-aventurado".

O Bem-aventurado Francisco não fez uma grande impressão sobre o mundo em geral; nem sequer era notável, no conceito dos historiadores da Igreja em geral. Porém, no nível ordinário da vida católica ele fez muito e tem muito a oferecer e a dizer ao mundo moderno, embora tenha morrido há tanto tempo, no meio do século XIX. Em termos simples, sua mensagem se resume assim: Se você quer ser feliz, experimente ser santo; se você quer ser muito feliz, experimente ser muito santo. Como se vê, é algo simples. Sua vida tão feliz era disso um perfeito exemplo: estava sempre feliz, sempre jovial, mesmo no meio dos tempos difíceis e penosos, porque ele sempre tentou conservar-se perto de Deus e da Ssma. Virgem; sempre tentou ser muito santo.

A Igreja nos diz que o Bem-aventurado Francisco praticou as virtudes cristãs num grau heróico, mas onde está o heroísmo? Não existe. Esta é a mensagem de sua vida. Pe. Seelos nos ensina que não temos de fazer as coisas que o mundo em geral, ou a mídia, afirma que são grandes e heróicas. Basta-lhe viver sua vida, tal como Deus a ordenou para você, do melhor modo como você sabe e a cada dia. Qualquer um pode fazer isso: casado ou solteiro, dona de casa, executivo, carpinteiro, comerciante, qualquer um. O heróico consiste em fazer isso o tempo todo e agradar a Deus. Esse é o modo como Pe. Seelos o fez. Ele não era mais que um simples padre que tentou todos os dias da vida ser santo, tentou fazer a vontade de Deus aonde quer que ela o levasse, tentou fazer tudo quanto podia pelos outros, especialmente pelos mais necessitados. E porque ele fez isso, era feliz, muito feliz sempre feliz. Esta é a palavra dele para você: Seja santo, seja feliz!

ORAÇÃO AO BEM-AVENTURADO FRANCISCO XAVIER SEELOS

Ó Senhor, minha força e meu Redentor,
que as palavras da minha boca
e a meditação do meu coração
sejam agradáveis a vossos olhos.
Eu vos louvo
pela graça que concedestes
ao vosso humilde missionário,
o Bem-aventurado Francisco Xavier Seelos.

Que eu tenha o mesmo vigor alegre
que Pe. Seelos possuiu
durante sua vida na terra
para vos amar profundamente
e viver fielmente vosso evangelho.
Amém.

Médico divino,
infundistes no Bem-aventurado
Francisco Xavier Seelos
o vosso dom de curar.
Pelo auxílio de suas preces,
sustentai em mim a graça de conhecer
a vossa vontade
e a força de vencer minhas aflições.
Por vosso amor, tornai-me são.
Que eu aprenda com o exemplo do
Bem-aventurado Seelos
e seja confortado pela sua paciente
resistência.

Deus bondoso,
no Bem-aventurado Francisco
Xavier Seelos
destes ao vosso povo
um modelo para os que trabalham
alegremente

no vosso reino terrestre.
Que o sorriso do Pe. Seelos
sob vosso domínio celeste
habite nos que sentem penosa a vida.
Conservai continuamente
ante nossos olhos
a gentileza de Jesus Cristo,
nosso Redentor.
Amém.

Byron Miller, C.Ss.R.

APÊNDICES

APÊNDICE A
Trechos das Cartas do Bem-aventurado Francisco Xavier Seelos

Esta carta, escrita a uma família da paróquia Santo Afonso, em Baltimore, em 18 de julho de 1857, mostra a compreensão prática que o Pe. Seelos tinha das responsabilidades dos pais.

> Se... a conscienciosa educação dos filhos é acompanhada de grandes bênçãos divinas mesmo nesta vida, na outra será recompensada com indescritível alegria. De fato, não há alegria no pensamento de que todos os vossos filhos vão vos agradecer por toda a eternidade pelo fato de que, com tanto esforço, tantos cuidados e receios, vos preocupastes dia e noite com a eterna salvação deles?

Na carta seguinte, Pe. Seelos revela alguns dos seus princípios básicos no seu método de direção espiritual. A destinatária desta carta estava à procura de conselho sobre como lidar com suas provações interiores. Pe. Seelos escreveu esta carta a 1º de janeiro de 1858.

Sinto-me encorajado pela infinita bondade de Deus cuja punição e castigo não são outra coisa senão sinais do seu amor. Diz São Paulo: "Ele castiga todo filho que ele acolhe" (Hb 12,6). Sinto-me encorajado por aquele amor de Deus com o qual Ele nos conduz pela áspera estrada pela qual primeiro conduziu seu muito amado e primogênito Filho. Sim, sinto-me encorajado ao pensar que o mais pobre, o mais sofredor, o mais desprezado, rejeitado, martirizado, crucificado, e morto Filho de Deus é nosso único e maior modelo pelo qual devemos julgar a nós mesmos.

Caríssima Senhora, qual é o apoio que lhe dou para sua caminhada na estreita e íngreme senda que conduz à porta estreita pela qual entramos na casa da vida e da paz? O apoio outro não é senão a santa cruz que devemos carregar todo dia. Ela nos carrega dia após dia até que finalmente nos serve de ponte que nos leva por sobre o abismo da morte para a vida eterna. Se todo dia, cara Senhora, você aceita e crê que tem de carregar uma cruz para ser uma serva fiel de Jesus, é certo que este pensamento lhe dará grande coragem, porque você vai enxergar como uma honra o ser contada entre os fiéis servidores do Redentor crucificado...

Quando parece que Deus nos abandonou e que somos rejeitados pelos outros, onde podemos encontrar paz, onde vamos repousar a cabeça? Nossa única consolação vem do olhar para nosso modelo Jesus, que é sem consolo, e para a padecente Mãe das dores. Eles somente devem ser nosso conforto.

Por isso, bondosa Senhora, glorie-se de sua fraqueza, porque nosso amado Deus protege mais seus filhos mais fracos, e lhes tem mais amor e deles cuida do melhor modo. Reconheça sua fraqueza, refugie-se na oração, caminhe lado a lado com Deus e tudo irá bem.

Pe. Seelos escreve para suas duas irmãs Damiana e Romualda Seelos que também o seguiram na vocação religiosa. Essa carta, escrita a 10 de agosto de 1858, é uma carta muito noticiosa ainda que profundamente espiritual, de um jovem sacerdote para sua família, falando de assuntos variados como percevejos e outros insetos, paroquianos bem intencionados que prepararam uma abundante refeição para o doentio Pe. Seelos, o aperto do trabalho pastoral e suas demandas incessantes, a beleza da celebração da Adoração das Quarenta Horas, e o lastimável estado da prática do catolicismo nos Estados Unidos. No trecho seguinte, Pe. Seelos demonstra sua natureza humilde:

Porém minhas queridas Irmãs, vocês sabem que eu, um segundo Filho Pródigo, esbanjei totalmente a grande herança da divina graça, e minha vida de virtudes é como uma roupa velha e remendada. E eu jamais sinto minha miséria mais do que quando ainda por cima tenho pensamentos vãos e soberbos... Por esta razão não posso realmente ficar vaidoso... Se meus superiores maiores mo pedissem, de bom grado me tornaria um irmão leigo e seria extremamente feliz. Mas, infelizmente, sou menos útil lá, porque nada entendo de coisas práticas.

Se alguém ao nosso redor nos tratasse de fato com violência, ainda tiraríamos daí o maior dos benefícios, porque seria um tipo de sofrimento inocente, imitação genuína de Jesus crucificado inocente. Nada seria mais doce nos seus frutos; nada seria mais confortador na nossa miséria... Realmente cometemos tantos milhares de erros pelos quais ainda não fomos punidos, e pelos quais, talvez, um terrível Purgatório nos espera. Com quanta alegria não deveríamos de vez em quando estar dispostos a sofrer algo inocentemente!

Para todos os santos essa obediência foi o começo de sua virtude, de seu sofrimento e de sua humildade. Nela consistia seu constante esforço de fazer progressos e esta era sua perfeição. Eles foram simplesmente fiéis nas pequenas coisas. Se às vezes não o foram, eles sentiram pesar... e fizeram na humildade o que estava faltando na fidelidade.

Na carta seguinte, escrita por Pe. Seelos à sua mãe e outros familiares entre 24 de setembro e 2 de outubro de 1859, relata com pormenores algumas de suas experiências pastorais com o povo de Cumberland, onde não era apenas prefeito dos estudantes e professor mas também pároco da paróquia de São Pedro e São Paulo. Num parágrafo muito pessoal, agradece sua mãe ter incentivado a devoção a Nossa Senhora.

Querida Mãe, como desejo agradecer-lhe por incutir em nós, seus filhos, uma grande devoção a Maria; tal herança dos pais vale mais que ouro ou prata. Espero que todos os meus irmãos e irmãs tenham grande devoção a Maria. Nosso falecido pai especialmente deu a todos nós um belo exemplo neste particular, mesmo no seu leito de morte, e não cessou de colocar toda a sua confiança em Maria e José, os quais, junto ao Divino Redentor, devem ser nossos principais padroeiros.

APÊNDICE B
Trechos das Crônicas das Missões, que relatam o trabalho do Bem-aventurado Francisco Xavier Seelos, C.Ss.R.

Os trechos seguintes são de uma documentação que fala das condições e resultados das missões e retiros pregados por Pe. Seelos entre os anos 1863, quando ele tornou-se superior do grupo missionário, e 1866, quando ele já não era superior mas ainda pregava algumas missões paroquiais. Por essa documentação, pode-se ver que Pe. Seelos viajou por toda parte, em situações muito difíceis, enfrentando penosas condições de viagem e em pobres acomodações. Entre os lugares onde pregou estão Chicago (Illinois), Toledo, Cincinnati e Cleveland (Ohio), Providence (Rhode Island), Buffalo e Nova York (Nova York), e mesmo rumo ao Oeste a um lugar tão distante quanto St. Louis (Missouri). Esses trechos foram tirados da *Chronicle of the Missions Given by Redemptorist*

Fathers in the United States of N. America e comprovam que os pregadores itinerantes redentoristas, a serviço dos imigrantes europeus nos Estados Unidos, eram gigantes da fé.

Esta missão [em Waukegan, Illinois, de 4 a 17 de outubro de 1863] foi uma missão muito difícil... O que mais tivemos de combater foi a inimizade. Havia em Waukegan pessoas que tinham conservado durante anos e anos as mais amargas inimizades, e o que era pior do que tudo o mais, não apenas mulheres mas também homens viviam na inimizade. Para dar uma idéia dessas inimizades, havia uma mulher que foi obrigada por um dos Padres a ir visitar um homem para conversar com ele. Ela estava disposta e andou seis quilômetros para visitar o homem que estava de cama agonizando. Ela ajoelhou-se e implorou-lhe nos seus últimos momentos que a perdoasse. Ele virou-lhe as costas e a mulher teve de deixar a casa sem se reconciliar.

A comunidade de Woodstock [Illinois] é muito pequena... No entanto a igreja estava bem cheia durante a missão [pregada de 18 a 24 de outubro de 1863]. O que mais tivemos de combater foi o terrível vício da embriaguez e também as tavernas. Se conseguimos erradicar esses males, com permanente sucesso ou não, a renovação é que o dirá melhor.

Aquela foi de fato uma missão dura [pregada em Hartland, Illinois, de 25 de outubro a 7 de novembro de 1863]. A igreja ficava a quase dois quilômetros de distância da casa do sacerdote... O tempo também era muito inclemente e dava pena ver os missionários comprimidos num vagão de madeira, indo para a igreja ou voltando para casa, molhados pela chuva ou gelados pelo frio.

Durante a missão [pregada em Chicago de 13 a 15 de dezembro de 1863] os homens e também as mulheres manifestaram grande zelo e embora o tempo fosse às vezes frio, no entanto a igreja estava sempre cheia. Em algumas noites estava literalmente lotada, de modo que parecia um mar imenso de cabeças humanas. Isso aconteceu especialmente na consagração à Santíssima Virgem e no levantamento da cruz. Na última cerimônia, o povo estava tão comovido que... todos choraram e soluçaram alto.

APÊNDICE C
Trechos dos Sermões do Bem-aventurado Francisco Xavier Seelos

Os trechos seguintes são de dois sermões de missão — um sobre a misericórdia de Deus e o outro sobre a oração — que eram pregados por Pe. Seelos. Dada sua natureza afável e sua afinidade à oração, Pe. Seelos provavelmente achou ambos esses assuntos próximos ao seu coração — o coração de um missionário que seguia os passos de Santo Afonso.

Sim, meu amado povo, Deus é misericordioso e sua misericórdia está, como diz o profeta, acima de todas as suas obras, como Nossa Senhora canta no seu belo hino de louvor, sua misericórdia se estende de geração a geração a todos que o temem... Se vós portanto desejais viver doravante no serviço e no temor de Deus; se sinceramente vos arrependeis e mudais de vida; se abandonais para sempre todos aqueles maus caminhos a fim de seguir a Cristo na renúncia e na penitência; se realmente vos preparais para a vida vindoura, alegrai-vos, pois aqui vos apresento o bálsamo para todas as vossas feridas — a infinita misericórdia de Deus.

Ó pecadores, contemplai a misericórdia de Deus. Depois de o ter ofendido, depois de o ter abandonado, depois de ter preferido o pecado a Ele, Ele ainda não vos abandonou inteiramente porque vos fala, vos chama, vos convida à penitência, vos oferece sua misericórdia: "Eis que estou à porta e bato!"

Os homens, diz São João Crisóstomo, demoram para construir e derrubam rapidamente, e o santo tem razão: mesmo na América do Norte, onde os edifícios maiores e mais belos são rapidamente erguidos; pois para derrubá-los requer-se a obra de um momento. Mas bem diferente é com Deus: Ele construiu muito rapidamente todo o universo e bastou apenas uma palavra e os mundos foram criados... Mas a mesma rapidez em construir encontramos em Deus na sua obra de graça. Davi, São Paulo, Maria Madalena, o Bom Ladrão na cruz — bastou um momento para torná-los santos e elevá-los do mais baixo estado de pecado e paixão a um grau muito alto de perfeição e santidade.

O mais sincero desejo de Deus é de dar-nos sua graça, já que deseja a salvação de todos; mas Ele a dá sob certas condições. Quem despreza essas condições, despreza também os meios de salvação. Ora, quais são as condições sob as quais Deus dá a graça e a força? Posso responder com uma palavra: "Oração".

Como cristãos, somos obrigados a rezar em nome de Jesus: "Tudo quanto pedirdes ao Pai em meu nome, eu o farei" (Jo 14,13). Mas o que queremos dizer quando dizemos que somos obrigados a rezar no nome de Jesus? Quer dizer rezar como o nosso Salvador rezaria, se estivesse em nosso lugar.

O nosso Salvador tinha o costume de rezar na solidão, no deserto, na montanha, retirado do povo, durante a noite, quando tudo ao redor estava tranqüilo. E mesmo no Antigo Testamento, o povo é censurado por não rezar com sinceridade: "Com seus lábios me glorificam, mas seu coração está longe de mim" (Is 29,13).

Temos condições de rezar sempre, de estar continuamente na igreja, ou rezar o terço e outras orações o dia inteiro? ... Para ser bem compreendido, farei aqui uma comparação. Como a comida é alimento do corpo, assim a oração é o alimento da alma. Comemos diariamente para preservar a vida e somos obrigados a rezar todo dia para preservar a vida da nossa alma, que é a graça de Deus. Mas você não se alimenta apenas uma vez ao dia mas várias vezes, e se você está particularmente cansado ou fraco, toma um lanche suplementar. A mesma coisa vale para a oração. Sua alma exige uma refeição várias vezes ao dia e se você é gravemente tentado, tem maior necessidade da graça de Deus.

ÍNDICE

Prefácio 5
Introdução 9
Cronologia Biográfica do Bem-aventurado
Francisco Xavier Seelos 14
1. Chamei-te pelo nome 17
2. Período escolar 29
3. Discernindo o chamado 39
4. Missionário para o Novo Mundo 48
5. Pároco: A primeira década 58
6. Ministério paroquial em Maryland.
   Reitor dos Seminaristas 71
7. Pregador de Missões, Pároco
   outra vez, Morte em Nova Orleans 87
Epílogo 100
Oração ao Bem-aventurado Francisco
   Xavier Seelos 111
Apêndices 115
Apêndice A 115
Apêndice B 121
Apêndice C 124